智能财税岗课赛证融通教材·中职系列

企业会计实务

中联集团教育科技有限公司　组　编

陈清珠　侯庆辉　主　编

郑秋燕　肖　燕　施云芳　陈金仙　副主编

贺潇仪　刘海军　王美静　马传丽
吴倩玮　邓伶俐　罗剑英　王美红
薛　乐　仲芳萱　张　艳　葛立清　参　编
宋春燕　李绘芳　姚　进　蒿仲涛
邱雨雨

（参编排名不分先后）

电子工业出版社·
Publishing House of Electronics Industry
北京·BEIJING

内 容 简 介

经济的发展离不开财会人才，"企业会计实务"是财会类专业学生的必修课程。本教材以企业的真实业务为背景，以《企业会计准则》为依据，以资产、负债、所有者权益、收入、费用和利润六大会计要素的基本业务处理为重点，按照企业业务循环的顺序，详细阐述企业发生的基本经济业务的具体会计处理。本教材的内容主要包括财务会计基本理论的阐述，资产、负债、所有者权益、收入、费用和利润6个会计要素的确认、计量及具体账务处理，财务报告的编制及对于资产减值的处理，会计调整等几大方面。教材各单元中配有主要会计实务操作流程图、操作视频及任务练习，可扫描书中二维码获取。

本教材既适用于中等职业学校财会类专业学生的教学，也适用于会计人员的培训和自学。财经商贸类其他专业的学生也可以把本教材作为学习会计的参考资料。

图书在版编目（CIP）数据

企业会计实务 / 陈清珠，侯庆辉主编 . —北京：电子工业出版社，2022.8

ISBN 978-7-121-44050-2

Ⅰ. ①企… Ⅱ. ①陈… ②侯… Ⅲ. ①企业管理－会计实务－中等专业学校－教材 Ⅳ. ①F275.2

中国版本图书馆 CIP 数据核字（2022）第 133435 号

责任编辑：陈 虹

印　　刷：三河市良远印务有限公司

装　　订：三河市良远印务有限公司

出版发行：电子工业出版社

　　　　　北京市海淀区万寿路 173 信箱　邮编：100036

开　　本：880×1 230　1/16　印张：11　字数：260 千字

版　　次：2022 年 8 月第 1 版

印　　次：2022 年 8 月第 1 次印刷

定　　价：38.00 元

凡所购买电子工业出版社图书有缺损问题，请向购买书店调换。若书店售缺，请与本社发行部联系，联系及邮购电话：（010）88254888，88258888。

质量投诉请发邮件至 zlts@phei.com.cn，盗版侵权举报请发邮件至 dbqq@phei.com.cn。

本书咨询联系方式：邮箱 fservice@vip.163.com；手机 18310186571。

前 言

我们不可否认，经济发展与会计的关系日益密切，经济越发展，会计越重要。会计制度的改革紧跟我国和世界经济发展的步伐，会计人才的培养也应该顺应经济和社会的发展变化。因此，一本兼顾理论和实务的会计教材对于培养会计人才是非常必要的。

本教材通过仿真的企业案例，详细介绍了会计的基础和目标，以及企业筹资环节、采购与生产环节、销售环节、投资环节和报表编制环节中具体会计业务的处理。对于实务环节，本教材提供了详细的操作步骤，具有很强的实用性和可操作性。教材内容从理论到实务，从日常业务核算到其报表编制及资产清查和减值业务处理，由浅入深，循序渐进。

本教材的主要特点有：

第一，既注重企业会计基本理论的讲授，又注重教材与我国现行《企业会计准则》及会计实践的结合，将理论与实践有机结合起来。本教材对每一理论问题的阐述均配有恰当的案例，便于培养学生的实践能力和发现问题、分析问题与解决问题的能力，从而有利于提高其职业判断能力。

第二，对会计理论的阐述力求精练、简明和通俗易懂，对会计要素的确认、计量和记录的阐述，不同于以往会计教材的叙述方式，而是以较直观的表现形式予以展现。

第三，教材设计方面，在每单元的理论知识之前给出了任务场景、任务布置，使学生带着问题主动思考。同时，每单元配备任务练习、实务操作流程图和操作视频，学生通过二维码扫描即可进行有针对性的练习。

第四，教材编写组还制作了与本教材相配套的多媒体课件，使教材内容能够更生动、更具有条理性和层次性。

本教材共 11 个单元，由福建商贸学校陈清珠、北京市求实职业学校侯庆辉担任主编，由福建经济学校郑秋燕、贵州省财政学校肖燕、福建商贸学校施云芳、杭州市财经职业学校陈金仙担任副主编，参与编写的还有北京市求实职业学校贺潇仪、刘海军，济宁市高级职业学校王美静，伊犁哈萨克自治州财贸学校马传丽，衢州中等专业学校吴倩玮、邓伶俐、罗剑英，杭州市财经职业学校王美红，北京市经济管理学校薛乐、仲芳萱，天津市经济贸易学校张艳、葛立清，杭州市旅游职业学校宋春燕，济宁市高级职业学校李绘芳，北京市信息管理学校姚进，西安市未央区职业教育中心蒿仲涛，贵州财经职业学院邱雨雨。在编写过程中得到了中联集团教育科技有限公司和电子工业出版社的大力协助，在此深表感谢。

由于时间仓促，水平有限，教材中难免有疏漏之处，恳请读者批评指正，以便我们在下次修订时予以完善。

编　者

目　录

单元一　财务会计基本认知 ①

任务一　财务会计要素内容认知　/1
　　一、任务情境　/1
　　二、知识准备　/2
　　三、任务实施　/4
　　四、任务评价　/5
　　五、任务练习　/5

任务二　会计法规认知　/5
　　一、任务情境　/5
　　二、知识准备　/5
　　三、任务实施　/8
　　四、任务评价　/8
　　五、任务练习　/9

单元二　筹资业务核算 ⑩

任务一　实收资本核算　/10
　　一、任务情景　/10
　　二、知识准备　/11
　　三、任务实施　/15
　　四、任务评价　/15
　　五、任务练习　/16

任务二　短期借款核算　/16

　　一、任务情境　/16
　　二、知识准备　/17
　　三、任务实施　/18
　　四、任务评价　/18
　　五、任务练习　/19

**单元三　采购及应付款结算
业务核算** ⑳

任务一　采购业务核算　/20
　　一、任务情境　/20
　　二、知识准备　/22
　　三、任务实施　/29
　　四、任务评价　/30
　　五、任务练习　/30

任务二　应付款项与预付款项核算　/30
　　一、任务情境　/30
　　二、知识准备　/31
　　三、任务实施　/45
　　四、任务评价　/45
　　五、任务练习　/46

单元四　生产业务核算 ㊼

任务一　要素费用归集和分配　/47

一、任务情境 /47
二、知识准备 /48
三、任务实施 /52
四、任务评价 /52
五、任务练习 /53

任务二 综合费用归集和分配 /53
一、任务情境 /53
二、知识准备 /54
三、任务实施 /58
四、任务评价 /58
五、任务练习 /58

任务三 完工产品成本计算和结转 /58
一、任务情境 /58
二、知识准备 /59
三、任务实施 /63
四、任务评价 /63
五、任务练习 /63

任务四 委托加工物资核算 /63
一、任务情境 /63
二、知识准备 /64
三、任务实施 /65
四、任务评价 /65
五、任务练习 /65

66

单元五 销售及应收款结算业务核算

任务一 销售业务核算 /66
一、任务情境 /66
二、知识准备 /68
三、任务实施 /78
四、任务评价 /78
五、任务练习 /79

任务二 应收款项与预收款项核算 /79

一、任务情境 /79
二、知识准备 /80
三、任务实施 /87
四、任务评价 /88
五、任务练习 /88

89

单元六 投资业务核算

任务一 固定资产核算 /89
一、任务情境 /89
二、知识准备 /90
三、任务实施 /99
四、任务评价 /100
五、任务练习 /100

任务二 无形资产核算 /100
一、任务情境 /100
二、知识准备 /101
三、任务实施 /105
四、任务评价 /105
五、任务练习 /106

任务三 交易性金融资产核算 /106
一、任务情境 /106
二、知识准备 /106
三、任务实施 /109
四、任务评价 /109
五、任务练习 /109

110

单元七 期间费用业务核算

任务一 销售费用核算 /110
一、任务情境 /110
二、知识准备 /110
三、任务实施 /111
四、任务评价 /112

五、任务练习　/112

任务二　管理费用核算　/112
　　一、任务情境　/112
　　二、知识准备　/112
　　三、任务实施　/113
　　四、任务评价　/113
　　五、任务练习　/113

任务三　财务费用核算　/114
　　一、任务情境　/114
　　二、知识准备　/114
　　三、任务实施　/115
　　四、任务评价　/115
　　五、任务练习　/115

单元八　财务清查业务核算　116

任务一　货币资金清查核算　/116
　　一、任务情境　/116
　　二、知识准备　/116
　　三、任务实施　/118
　　四、任务评价　/119
　　五、任务练习　/119

任务二　存货清查核算　/119
　　一、任务情境　/119
　　二、知识准备　/119
　　三、任务实施　/121
　　四、任务评价　/121
　　五、任务练习　/121

任务三　固定资产清查核算　/121
　　一、任务情境　/121
　　二、知识准备　/122
　　三、任务实施　/123
　　四、任务评价　/123
　　五、任务练习　/123

单元九　财务成果业务核算　124

任务一　利润形成核算　/124
　　一、任务情境　/124
　　二、知识准备　/125
　　三、任务实施　/127
　　四、任务评价　/127
　　五、任务练习　/128

任务二　利润分配核算　/128
　　一、任务情境　/128
　　二、知识准备　/129
　　三、任务实施　/131
　　四、任务评价　/131
　　五、任务练习　/131

单元十　财务报表编制　132

任务一　资产负债表编制　/132
　　一、任务情境　/132
　　二、知识准备　/133
　　三、任务实施　/142
　　四、任务评价　/144
　　五、任务练习　/145

任务二　利润表编制　/145
　　一、任务情境　/145
　　二、知识准备　/146
　　三、任务实施　/149
　　四、任务评价　/150
　　五、任务练习　/151

单元十一　资产减值业务核算　152

任务一　应收账款减值核算　/152

一、任务情境 /152

二、知识准备 /153

三、任务实施 /156

四、任务评价 /156

五、任务练习 /156

任务二 交易性金融资产持有期间公允价值
变动核算 /157

一、任务情境 /157

二、知识准备 /157

三、任务实施 /158

四、任务评价 /159

五、任务练习 /159

任务三 存货减值核算 /159

一、任务情境 /159

二、知识准备 /159

三、任务实施 /163

四、任务评价 /163

五、任务练习 /163

任务四 固定资产减值核算 /163

一、任务情境 /163

二、知识准备 /164

三、任务实施 /165

四、任务评价 /165

五、任务练习 /166

任务五 无形资产减值核算 /166

一、任务情境 /166

二、知识准备 /167

三、任务实施 /168

四、任务评价 /168

五、任务练习 /168

单元一

财务会计基本认知

↘ 思政目标

1. 培养学生坚持准则、诚实守信的会计职业道德。

2. 树立诚信、敬业的社会主义核心价值观。

3. 培养学生透过现象识别交易实质的职业判断能力。

↘ 学习目标

1. 了解财务会计的概念和目标。

2. 掌握会计要素及其确认。

3. 了解会计规范体系和会计假设。

4. 掌握会计信息质量要求。

↘ 技能目标

1. 理解会计要素的确认标准。

2. 理解会计假设和会计信息质量要求的应用。

任务一　财务会计要素内容认知

一、任务情境

（一）任务场景

在远古时期，人们以捕鱼为生，并把捕来的鱼交给部落首领——伏羲氏，由伏羲氏统一收集、管理和分配。由于缺乏计量的意识和方法，因此他们常常被分配不公平等问题困扰。有一天伏羲氏看着渔网上的结，若有所思，突然萌生出一个想法。伏羲氏说："这样吧，公平起见，我们用打结的方式来记录每个人打了多少鱼。我找来3根绳子，每人一根，每交给我一条鱼，我就在上面打一个结，每领走一条鱼，就打开一个结。并且，大结代表大鱼，小结代表小鱼。"到原始社会末期，人们不仅会捕鱼，还会狩猎、种植，并且经常进行食物交换。狩猎回来的人们向首领黄帝提出质疑：首领，这根绳子上的结，哪一个代表牛、哪一个代表羊呢？黄帝也为难了。后来黄帝命仓颉发明文字，并以黄钟作为计量单位，用黄钟的长度、容积和重量来衡量粮食。

（二）任务布置

会计作为一门商业语言，从伏羲氏发明结绳记事，到西周专设会计官职，进行月计、岁会，至 1494 年卢卡·帕乔利发明复式记账，其产生和发展体现了人类无穷的智慧。而会计作为一门商业语言，是如何将企业的经济活动压缩至财务报表中的呢？其中运用到了哪些"词汇"呢？

二、知识准备

（一）财务会计的概念

1. 财务会计的定义

财务会计是按照《企业会计准则》的要求，对企业发生的交易或事项，通过确认、计量、记录和报告等程序，为投资者、债权人及其他信息使用者提供关于企业财务状况、经营成果及现金流量等信息的对外报告会计。

2. 财务会计的特征

财务会计具有以下特征。

① 从直接的服务对象来看，主要为企业外部提供会计信息。

② 从提供信息的时态来看，提供企业过去和现在的会计信息。

③ 从工作程序的约束依据来看，受统一的会计规范的约束。

④ 从会计程序与方法来看，有一套比较科学、统一的会计处理程序与方法。

（二）财务会计目标的主要理论

财务会计目标是财务会计活动所要达到的基本目的，是财务会计行为主体在一定社会经济环境下，通过自身会计活动所期望达到的结果。财务会计目标不仅决定了财务会计活动的发展方向和方式，而且在很大程度上决定了会计方法的选择和发展。在会计实践中，财务会计目标决定了会计工作的具体程序和方法；在会计理论中，财务会计目标是研究会计理论、构建会计理论体系的逻辑起点，位于会计理论结构的最高层次，直接决定着会计理论研究的方向。

综观会计理论界对财务会计目标的研究，归纳起来主要有两大观点：受托责任观和决策有用观。

1. 受托责任观

受托责任观认为，财务会计目标就是提供企业管理层（受托人）履行经营管理责任的信息，向所有者（委托人）报告受托资产的使用、管理情况，以帮助所有者确认或解除受托责任。其理由是：由于资源所有权和经营权是分离的，所以资源的受托人（企业管理层）负有对资源的委托人（所有者）解释、说明其经营管理活动及结果的义务。因此，受托责任观强调会计信息的可靠性，应以提供客观的会计信息为主。

2. 决策有用观

决策有用观认为，财务会计目标就是向会计信息使用者提供对其决策有用的信息。决策有用观是在证券市场日益扩大的历史背景下形成的。其理由是随着资本市场的不断发展和完善，所有者和企业管理层的委托及受托关系日益模糊，投资者日益关注企业在资本市场上的风险和报酬。因此，决策有用观强调会计信息的相关性。

（三）会计信息使用者

我国《企业会计准则——基本准则》明确了财务报告的目标，规定其目标是向财务报告使用者提供与企业财务状况、经营成果和现金流量等有关的会计信息，反映企业管理层受托责任履行情况，从而有助于财务报告使用者做出经济决策。《企业会计准则——基本准则》规定，财务报告使用者主要包括投资者、债权人、政府及其有关部门和社会公众等。

1. 会计信息的外部使用者

会计信息的外部使用者主要包括投资者、债权人、客户、基金经理和证券分析师、竞争对手、政府管理部门。

2. 会计信息的内部使用者

会计信息的内部使用者主要包括董事会、监事会、经理人及公司员工。

（四）会计要素

会计要素是根据交易或事项的经济特征所确定的财务会计对象和基本分类。我国《企业会计准则》将会计要素划分为资产、负债、所有者权益、收入、费用和利润6类。

1. 资产

资产是指企业过去的交易或事项形成的、由企业拥有或控制的、预期会给企业带来经济利益的资源。资产在确认时除了应当符合资产的定义，还应符合以下条件。

① 与该资源有关的经济利益很可能流入企业。

② 该资源的成本或价值能够可靠计量。

2. 负债

负债是指企业过去的交易或事项形成的、预期会导致经济利益流出企业的现实义务。负债在确认时除了应当符合负债的定义，还应符合以下条件。

① 与该义务有关的经济利益很可能流出企业。

② 未来流出的经济利益的金额能够可靠计量。

3. 所有者权益

所有者权益是指企业资产扣除负债后，由所有者享有的剩余权益。公司（股份公司）的所有者权益又称为股东权益。由于所有者权益体现的是所有者在企业中的剩余权益，因此所有者权益的确认主要依赖于其他会计要素，尤其是资产和负债的确认。

① 所有者投入的资本是指所有者投入企业的资本部分，包括构成企业注册资本或股本部分的金额和投入资本超过注册资本或股本部分的金额，即资本溢价或股本溢价。

② 直接计入所有者权益的利得和损失（其他综合收益）是指不应计入当期损益、会导致所有者权益发生增减变动的、与所有者投入资本或向所有者分配利润无关的利得或损失。

③ 留存收益主要包括计提的盈余公积和未分配利润。

④ 利得是由企业非日常活动形成的，会导致所有者权益增加的、与所有者投入资本无关的经济利益的净流入。

⑤ 损失是由企业非日常活动形成的，会导致所有者权益减少的、与向所有者分配利润无关的经济利益的净流出。

4. 收入

收入是指企业在日常活动中形成的、会导致所有者权益增加的、与所有者投入资本无关的经济利益的总流入。企业应当在履行了合同中的履约义务，即在客户取得相关商品控制权时确认收入。取得相关商品控制权是指能够主导该商品的使用并从中获得几乎全部的经济利益。

5. 费用

费用是指企业在日常活动中发生的、会导致所有者权益减少的、与向所有者分配利润无关的经济利益的总流出。费用在确认时除了应当符合费用定义，还应当符合以下条件。

① 与费用相关的经济利益应当很可能流出企业。

② 经济利益流出企业的结果会导致企业资产的减少或负债的增加。

③ 经济利益的流出额能够可靠计量。

6. 利润

利润是指企业在一定会计期间的经营成果，包括收入减去费用后的净额、直接计入当期利润的利得和损失等。

三、任务实施

根据任务情景的描述，在远古时期会计萌芽阶段，伏羲氏和黄帝的这些举措都体现了会计账目中的基本要素：计量对象、计量单位、计量对象增减的变动形式。伏羲氏的结绳记事体现出了会计的基本作用和目标，即用特殊的商业语言"翻译"企业的具体经济业务；黄帝在伏羲氏的基础上进行了改革，结合了数字、计量单位，为更准确地反映经济业务做出了重要贡献。

四、任务评价

根据任务要求实施并完成任务后，请填写本任务评价表，如表 1-1 所示。

表 1-1　任务评价表

序　号	任务清单	分值 / 分	完成度	得分 / 分
1	了解财务会计的含义和处理程序	10		
2	掌握财务会计目标的相关理论	20		
3	了解财务会计信息使用者	20		
4	掌握财务会计六要素的确认	50		
	合　计	100		

五、任务练习

任务练习与解答

任务二　会计法规认知

一、任务情境

（一）任务场景

我们都知道在学习英语的过程中，"单词"和"语法"是必须解决的关键问题。同样，会计作为"翻译"和"还原"企业经营活动轨迹的商业语言，也需要过"单词关"和"语法关"。会计这门语言将"单词"（会计要素）分成了六大类：资产、负债、所有者权益、收入、费用和利润。那么，会计中的"语法"都有哪些呢？

（二）任务布置

会计中的"语法"首先表现为会计所适用的法律法规。那么，这些法律法规都有哪些？彼此间有什么关系？

二、知识准备

（一）会计法律制度

会计法律制度通常简称会计法规，是由国家权力机关和行政机关制定的关于会计工作的法律、法规、规章和规范性文件的总称。会计法律制度是调整会计关系的法律规范，包括会计法律、会计行政法规、会计部门规章、地方性会计法规和会计规范性文件。

会计关系是会计机构和会计人员在办理会计事务的过程中，以及国家在管理会计工作的过程中发生的经济关系。在一个单位，会计关系的主体为会计机构和会计人员，客体为与会计工作相关的具体事务。为了保证会计工作的有序进行，国家通过制定一系列会计法律制度来调整和规范各种会计关系，包括针对会计工作、会计核算、会计监督、会计人员、会计档案管理等所制定的规范性文件。

1. 会计法律

会计法律是由全国人民代表大会及其常务委员会制定的，具有最高的法律效力。目前，我国的会计法律有《中华人民共和国会计法》（以下简称《会计法》）和《中华人民共和国注册会计师法》（以下简称《注册会计师法》）两部。《会计法》是会计法律制度中层次最高的法律规范，既是制定其他会计法规的依据，也是指导会计工作的最高准则。

2. 会计行政法规

会计行政法规是由国务院或国务院有关部门制定，调整经济生活中某些方面会计关系的法律规范，其法律效力低于会计法律。目前，我国的会计行政法规有《总会计师条例》和《企业财务会计报告条例》两部。

3. 会计部门规章

会计部门规章由中华人民共和国财政部及其他相关部委制定，法律效力低于《中华人民共和国宪法》（以下简称《宪法》）、会计法律和会计行政法规，包括国家统一的会计核算制度、会计监督制度，以及会计机构、会计人员、会计工作管理制度。

4. 地方性会计法规

地方性会计法规是由省、自治区、直辖市人民代表大会或常务委员会制定，在与《宪法》、会计法律、会计行政法规和国家统一的会计准则制度不相抵触的前提下，根据本地区情况制定和发布的关于会计核算、会计监督、会计机构和会计人员及会计工作管理的规范性文件，其法律效力低于前3个层次。例如，《辽宁省会计管理条例》《深圳经济特区注册会计师条例》等。

5. 会计规范性文件

会计规范性文件是指主管全国会计工作的行政部门，即国务院财政部门以文件形式印发的各项制度和办法。例如，《企业会计准则第1号——存货》等38项具体准则、《企业会计准则——应用指南》、《企业会计制度》、《金融企业会计制度》、《小企业会计制度》、《会计基础工作规范》及《会计档案管理办法》等。

（二）会计基本假设

会计基本假设是企业会计确认、计量和报告的前提，是对会计核算所处时间、空间环境等做的合理设定。会计基本假设包括会计主体、持续经营、会计分期和货币计量假设。

1. 会计主体假设

会计主体假设是指会计工作服务的特定单位，是企业会计确认、计量和报告的空间范围。为了向财务报告使用者反映企业财务状况、经营成果和现金流量，提供对其决策有用的信息，会计核算和财务报告的编制应当聚焦于反映特定对象的活动，并将其与其他经济实体区别开来。

2. 持续经营假设

持续经营假设是指在可以预见的将来，企业将会按当前的规模和状态继续经营下去，既不会停业，也不会大规模削减业务。该假设明确了会计核算和报告的时间范围。

3. 会计分期假设

会计分期假设是指将一个企业持续经营的生产经营活动划分为一个个连续的、长短相同的期间。会计分期的目的在于将持续的生产经营活动划分成连续、相等的期间，据以结算盈亏，按期编制财务报告，从而及时向财务报告使用者提供有关企业财务状况、经营成果和现金流量的信息。

4. 货币计量假设

货币计量假设是指企业在会计核算中要以货币为统一的、主要的计量单位，以记录和反映企业生产经营过程与经营成果。货币是商品的一般等价物，是衡量一般商品价值的共同尺度，具有价值尺度、流通手段、储藏手段和支付手段等特点。会计在选择货币作为统一的计量尺度的同时，要以实物量度和时间量度等作为辅助的计量尺度。

（三）会计信息质量要求

会计信息质量要求是对企业财务报告中所提供会计信息的质量的基本要求，是使财务报告中所提供的会计信息对投资者等使用者决策有用应具备的基本特征。它主要包括可靠性、相关性、可理解性、可比性、实质重于形式、重要性、谨慎性和及时性等。

1. 可靠性

可靠性要求企业以实际发生的交易或事项为依据进行确认、计量和报告，如实反映符合确认和计量要求的各项会计要素及其他相关信息，以保证会计信息真实可靠、内容完整。

2. 相关性

相关性要求企业提供的会计信息与财务报告使用者的经济决策需要相关，以有助于财务报告使用者对企业过去、现在或未来的情况做出评价或预测。会计信息是否有用、是否具有价值，关键要看其与财务报告使用者的决策需要是否相关，是否有助于决策或提高决策水平。

3. 可理解性

可理解性要求企业提供的会计信息清晰明了，便于财务报告使用者理解和使用。企业编制财务报告、提供会计信息的目的在于使用，而要让使用者有效地使用会计信息，就应当能让其了解会计信息的内涵、弄懂会计信息的内容。这就要求财务报告所提供的会计信息清晰明了、易于理解。

4.可比性

可比性要求企业提供的会计信息具有可比性。其具体包括下列要求：同一企业对于不同时期发生的相同或相似的交易或事项，应当采用一致的会计政策，不得随意变更；不同企业发生的相同或相似的交易或事项，应当采用规定的会计政策，以确保会计信息口径一致、相互可比。

5.实质重于形式

实质重于形式要求企业按照交易或事项的经济实质进行会计确认、计量和报告，不应仅以交易或事项的法律形式为依据。如果企业仅仅以交易或事项的法律形式为依据进行会计确认、计量和报告，那么就容易导致会计信息失真，无法如实反映经济现实和实际情况。

6.重要性

重要性要求企业提供的会计信息反映与企业财务状况、经营成果和现金流量有关的所有重要交易或事项。在实务中，如果会计信息的省略或错报会影响投资者等财务报告使用者的决策判断，则该信息就具有重要性。

7.谨慎性

谨慎性要求企业对交易或事项进行会计确认、计量和报告时保持应有的谨慎，不应高估资产或收益、低估负债或费用。

8.及时性

及时性要求企业对于已发生的交易或事项及时进行确认、计量和报告，不得提前或延后。

三、任务实施

根据任务情境的描述，在会计的"语法"关系中，不仅有相关的会计法律制度的支撑和约束，还有会计基本假设、会计信息质量要求等具体的要求。其中，会计法律制度包含了会计法律、会计行政法规、会计部门规章、地方性会计法规和会计规范性文件；会计基本假设包含了会计主体、持续经营、会计分期和货币计量假设；会计信息质量要求主要包括可靠性、相关性、可理解性、可比性、实质重于形式、重要性、谨慎性和及时性等。它们既是完成会计语言翻译的必要手段和前提，也是使会计语言能够被理解和应用的基本保障。

四、任务评价

根据任务要求实施并完成任务后，请填写本任务评价表，如表 1-2 所示。

表1-2　任务评价表

序　号	任务清单	分值/分	完成度	得分/分
1	了解会计法律制度的构成及内容	20		
2	理解会计四大假设及其应用	20		
3	了解会计信息质量要求	20		
4	掌握会计信息质量要求的应用	40		
	合　计	100		

五、任务练习

任务练习与解答

筹资业务核算

↘ 思政目标

1. 遵守商业道德，不任意占用他人资金，树立社会责任意识。
2. 培养学生对组织的责任感和奉献精神，树立正确的价值观。

↘ 知识目标

1. 了解企业筹资的渠道及方式。
2. 理解权益融资和债务融资的区别。
3. 掌握实收资本的核算。
4. 掌握短期借款的核算。

↘ 技能目标

1. 能按照《企业会计准则》的相关规定，完成筹资过程相关会计业务处理。
2. 能对权益资本和债务资本的确认进行职业判断，并正确运用计量方法对权益资本和债务资本各项内容进行确认和计量。
3. 能依据股权投资协议准确地核算"实收资本"账户的金额。

任务一　实收资本核算

一、任务情景

（一）任务场景

小王毕业后与同学小张和小李各出资 10 万元（每人占比 1/3），成立了一家公司。两年来经过大家同心协力、兢兢业业地运营，公司的盈利逐渐增加，并产生了资本积累。公司原有股东（小王、小张和小李）面对公司逐渐稳定并向好的形势，决定扩大规模，成立线下店铺。

因为业务扩张，需要吸收一些投资，准备将注册资本由 30 万元增至 40 万元。这意味着如果有人想加入，就需要投入一些资金，但是可以与 3 位原始股东在公司中的地位相同，即每人占比均为 1/4。

此时，一位潜在投资者小孙有意向加入。他的出资方案为：投资 10 万元，全部作为实收资本，加入后 4 人占比相同。

（二）任务布置

如果你是这 3 位原始股东中的一员，那么小孙出资 10 万元，在实收资本中的占比为 1/4，你会同意吗？

二、知识准备

（一）实收资本的含义

所有者投入的资本是指所有者投入企业的资本，既包括企业注册资本或股本，也包括投入资本超过注册资本或股本部分的资本溢价或股本溢价。

实收资本是指企业按照章程规定或合同、协议约定，接受投资者投入企业的资本。实收资本的构成比例或股东的股份比例，既是确定所有者在企业所有者权益中份额的基础，也是企业进行利润或股利分配的主要依据。

（二）接受投资核算

1. 有限责任公司接受投资

（1）接受现金资产投资

企业接受现金资产投资时，应按实际收到的金额或存入企业开户银行的金额，借记"银行存款"等账户；按投资合同或协议约定的投资者在企业注册资本中所占份额的部分贷记"实收资本"账户，企业实际收到或存入开户银行的金额超过投资者在企业注册资本中所占份额的部分贷记"资本公积——资本溢价"账户。

课堂训练 2-1　2021 年 4 月 2 日，小王、小张、小李 3 人共同投资设立北京佳成有限责任公司（以下简称佳成公司），注册资本为 300 000 元，小王、小张、小李持股比例均为 1/3。按照章程规定，小王、小张、小李投入资本均为 100 000 元。佳成公司已如期收到各投资者一次缴足的款项。

```
借：银行存款                                    300 000
    贷：实收资本——小王                                100 000
        实收资本——小张                                100 000
        实收资本——小李                                100 000
```

（2）接受非现金资产投资

<1> 接受投入的固定资产

企业接受投资者作价投入的房屋、建筑物、机器设备等固定资产，应按投资合同或协议约定的价值（不公允的除外）作为固定资产的入账价值，按投资合同或协议约定的投资者在企业注册资本或股本中所占份额的部分作为实收资本或股本入账，按投资合同或协议约定价值确定固定资产价值（投资合同或协议约定价值不公允的除外）。投资合同或协议约定的价值（不公允的除外）超过投资者在企业注册资本或股本中所占份额的部分，计入资本公积（资本溢价或股本溢价）。企业接受投资者作价投入的房屋等固定资产的账务处理如下。

借：固定资产

应交税费——应交增值税（进项税额）

贷：实收资本（按比例所占份额）

资本公积——资本溢价（超出份额部分）

<2> 接受投入的材料物资

企业接受投资者作价投入的材料物资，应按投资合同或协议约定的价值（不公允的除外）作为材料物资的入账价值，按投资合同或协议约定的投资者在企业注册资本或股本中所占份额的部分作为实收资本或股本入账。投资合同或协议约定的价值（不公允的除外）超过投资者在企业注册资本或股本中所占份额的部分，计入资本公积（资本溢价或股本溢价）。企业接受投资者作价投入的材料物资的账务处理如下。

借：原材料等

应交税费——应交增值税（进项税额）

贷：实收资本（按比例所占份额）

资本公积——资本溢价（超出份额部分）

课堂训练 2-2 2021 年 4 月 5 日，佳成公司收到 C 公司作为资本投入的原材料一批。该批原材料在投资合同或协议中约定的价值（不含可抵扣的增值税进项税额部分）为 100 000 元，增值税进项税额为 13 000 元（由投资方支付税款，并提供或开具增值税专用发票）。合同约定的价值与公允价值相符，不考虑其他因素。佳成公司对原材料按实际成本进行日常核算。

借：原材料 100 000

　　应交税费——应交增值税（进项税额） 13 000

　　贷：实收资本——C 公司 113 000

<3> 接受投入的无形资产

企业收到以无形资产方式投入的资本，应按投资合同或协议约定的价值（不公允的除外）作为无形资产的入账价值，按投资合同或协议约定的投资者在企业注册资本或股本中所占份额的部分作为实收资本或股本入账。投资合同或协议约定的价值（不公允的除外）超过投资者在企业注册资本或股本中所占份额的部分，计入资本公积（资本溢价或股本溢价）。企业

接受投资者作价投入的无形资产的账务处理如下。

借：无形资产

贷：实收资本（按比例所占份额）

资本公积——资本溢价（超出份额部分）

课堂训练 2-3 2021 年 5 月 3 日，佳成公司收到 X 公司作为资本投入的非专利技术一项。该非专利技术在投资合同中约定的价值为 50 000 元，增值税进项税额为 3 000 元（由投资方支付税款，并提供或开具增值税专用发票）。同时，收到 Y 公司作为资本投入的土地使用权一项，投资合同约定价值为 60 000 元，增值税进项税额为 5 400 元（由投资方支付税款，并提供或开具增值税专用发票）。合同约定的资产价值与公允价值相符，不考虑其他因素。

借：无形资产——非专利技术　　　　　　　　　　　　　　　50 000

无形资产——土地使用权　　　　　　　　　　　　　　60 000

应交税费——应交增值税（进项税额）　　　　　　　　8 400

贷：实收资本——X 公司　　　　　　　　　　　　　　　53 000

实收资本——Y 公司　　　　　　　　　　　　　　　65 400

2.股份有限公司接受投资

股份有限公司的全部资本由等额股份构成并通过发行股票筹集资本，股东以其投入资本对公司承担有限责任，公司以其全部资产对公司的债务承担责任。股票发行时的账务处理如下。

借：银行存款（实收金额）

贷：股本（股票面值）

资本公积——股本溢价（差额）

课堂训练 2-4 2021 年 8 月 17 日，嘉华股份有限公司发行普通股 1 000 000 股，每股面值 1 元，每股发行价格 5 元。假定股票发行成功，股款 5 000 000 元已全部收到，不考虑发行过程中的税费等因素。

应记入"资本公积"账户的金额 =5 000 000−1 000 000×1=4 000 000（元）

借：银行存款　　　　　　　　　　　　　　　　　　　　5 000 000

贷：股本　　　　　　　　　　　　　　　　　　　　1 000 000

资本公积——股本溢价　　　　　　　　　　　　4 000 000

（三）实收资本（股本）的增减变动

一般情况下，企业的实收资本应相对固定不变，但在某些特定情况下，实收资本也可能发生增减变化。我国《企业法人登记管理条例施行细则》规定，除国家另有规定外，企业的注册资金应当与实收资本一致，当实收资本比原注册资金增加或减少超过 20% 时，应持资金使用证明或验资证明，向原登记主管机关申请变更登记。如果擅自改变注册资本或抽逃资金，就会受到市场监督管理部门的处罚。

1. 实收资本（或股本）的增加

一般企业增加资本主要有 3 个途径：接受投资者追加投资；资本公积转增资本；盈余公积转增资本。企业按规定接受投资者追加投资时，其核算方法与投资者初次投入时相同。

课堂训练 2-5 2021 年 3 月 18 日，甲、乙、丙 3 人共同投资设立了 A 有限责任公司（以下简称 A 公司），原注册资本为 400 000 元，甲、乙、丙分别出资 50 000 元、200 000 元和 150 000 元。为了业务扩张的需要，经批准，A 公司注册资本扩大为 600 000 元，甲、乙、丙三人按照原出资比例分别追加投资 25 000 元、100 000 元和 75 000 元。A 公司如期收到甲、乙、丙追加的现金投资。

借：银行存款　　　　　　　　　　　　　　　　　　　　　200 000
　　贷：实收资本——甲　　　　　　　　　　　　　　　　　25 000
　　　　实收资本——乙　　　　　　　　　　　　　　　　　100 000
　　　　实收资本——丙　　　　　　　　　　　　　　　　　75 000

企业采用资本公积或盈余公积转增资本时，应按转增的资本金额确认实收资本或股本。用资本公积转增资本时，借记"资本公积——资本溢价（或股本溢价）"账户，贷记"实收资本"（或"股本"）账户；用盈余公积转增资本时，借记"盈余公积"账户，贷记"实收资本"（或"股本"）账户。需要注意的是，由于资本公积和盈余公积均属于所有者权益，因此用其转增资本时，如果是独资企业则比较简单，直接结转即可；如果是股份有限公司或有限责任公司，则应该按照原投资者各自的出资比例相应增加各投资者的出资额。

课堂训练 2-6 承课堂训练 2-5，2021 年 6 月 19 日，因扩大经营规模需要，经批准，A 公司按原出资比例将资本公积 30 000 元转增资本。

借：资本公积　　　　　　　　　　　　　　　　　　　　　30 000
　　贷：实收资本——甲　　　　　　　　　　　　　　　　　3 750
　　　　实收资本——乙　　　　　　　　　　　　　　　　　15 000
　　　　实收资本——丙　　　　　　　　　　　　　　　　　11 250

2. 实收资本（或股本）的减少

企业按法定程序报经批准减少注册资本的，按减少的注册资本金额减少实收资本。通常情况下，本着资本保全的原则，实收资本不会减少。但如有必要且合理的情况下，允许减资，即发还投资。其账务处理如下。

借：实收资本
　　贷：银行存款等

课堂训练 2-7 承课堂训练 2-5，2021 年 9 月 13 日，因生产经营规模缩小，A 公司经批准减少注册资本 50 000 元，已办妥相关手续；以银行存款按投资比例发还所有者投资款

50 000 元。要求做出 A 公司减资的账务处理。

根据本课堂训练的描述可知，A 公司减少的注册资本为 50 000 元。

甲实收资本减少额=50 000×12.5%=6 250（元）

乙实收资本减少额=50 000×50%=25 000（元）

丙实收资本减少额=50 000×37.5%=18 750（元）

借：实收资本——甲　　　　　　　　　　　　　　　　　　6 250

　　实收资本——乙　　　　　　　　　　　　　　　　　　25 000

　　实收资本——丙　　　　　　　　　　　　　　　　　　18 750

　　贷：银行存款　　　　　　　　　　　　　　　　　　　　50 000

股份有限公司采用回购本公司股票方式减资的，通过"库存股"账户核算回购股份的金额，按注销股票的面值总额减少股本，回购股票支付的价款超过面值总额的部分，依次冲减"资本公积——股本溢价""盈余公积""利润分配——未分配利润"账户；相反，增加"资本公积——股本溢价"账户。

三、任务实施

本任务中的佳成公司由小王、小张、小李共同投资设立，属于初始投资，每人出资 100 000 元，占比均为 1/3。两年后，因为业务扩张，需要吸收一些投资，即追加投资。此时，小孙如果出资 100 000 元想在实收资本中与原有股东占有相同的份额，则通常情况下原有股东是不会同意的。因为经过了两年的经营，公司盈利规模扩大且有资本积累，意味着原有股东投入的资本的盈利性增加，且形成了内部积累，所以两年前的原始投资已经产生资本增值。如果小孙加入，那么意味着这些积累也会被小孙按相应的比例享有。因此，原始股东会要求新投资者在追加投资时，投资额超过其在注册资本中的份额，以保证原有股东的权益不会被稀释。

四、任务评价

根据任务要求实施并完成任务后，请填写本任务评价表，如表 2-1 所示。

表 2-1　任务评价表

序　号	任务清单	分值/分	完成度	得分/分
1	了解实收资本的概念	10		
2	掌握实收资本和股本核算设置的账户	20		
3	掌握接受投资的核算	40		
4	掌握实收资本增减的会计处理	30		
	合　计	100		

五、任务练习

任务练习与解答

任务二　短期借款核算

一、任务情境

（一）任务场景

在互联网金融日益发达的情况下，很多消费者在淘宝网购的时候都会用蚂蚁花呗，这是一种比较灵活的网络支付服务。蚂蚁金服还有蚂蚁借呗，同样也广为人知。蚂蚁借呗根据用户的消费能力、还款能力和还款信用，通过大数据进行信息搜集和分析，赋予用户相应的借款额度，并根据借款期限（3 个月、6 个月、9 个月和 12 个月）、还款方式（每月等额和先息后本）来计算应还利息和本金的金额。蚂蚁借呗还款信息示例如图 2-1 所示。

万	
¥40000	
按天算利息，随时可还，无违约金	
借款详情及协议	∧
借款金额	¥40000
收款账户	
初始年利率 ①	12.775%(日利率*365)
日利率	0.035%
借款期限	12个月
还款方式	先息后本
还款日	每月9日，首次还款9月9日
借款用途	个人日常消费
总利息	借满12个月，共¥5082.00

图 2-1　蚂蚁借呗还款信息示例

（二）任务布置

企业的短期借款与个人借款相类似，当有短期的资金周转需求时，短期借款是缓解资金紧张的一种比较灵活的方法。企业短期借款的核算，包括短期借款的取得、利息的计算及支付、本金的偿还。在实际工作中，银行一般于每季度末收取短期借款利息。企业的短期借款利息一般采取月末预提的方法进行，企业应当在资产负债表日按照计算确定的短期借款利息费用，由会计人员进行账务处理工作。那么，在企业借款时、计提利息时及还本付息时，应该如何进行相应的账务处理呢？

二、知识准备

（一）短期借款的概念

短期借款是指企业根据生产经营的需要，从银行或其他金融机构借入的偿还期在一年以内（含一年）的各种借款，包括生产周转借款、临时借款等。企业借入的短期借款，无论基于何种需求，只要借入了这项资金，就构成了一项流动负债。

（二）账户设置

为了核算短期借款的取得、利息的计算计提、短期借款的归还，需要设置"短期借款""财务费用""应付利息"等账户。

1．"短期借款"账户

企业通过"短期借款"账户，核算短期借款的取得及偿还情况。该账户属于负债类账户，贷方登记企业借入的各种短期借款，借方登记企业按期归还的各种短期借款；期末余额在贷方，反映企业尚未到期的各种短期借款。本账户可按借款种类、贷款人和币种进行明细核算。

2．"财务费用"账户

企业通过设置"财务费用"账户，核算企业为筹集生产经营所需资金而发生的各种筹资费用。该账户属于损益类账户，借方登记发生的各项财务费用，贷方登记应冲减财务费用的利息收入及期末结转到"本年利润"账户的财务费用净额；本账户结转后期末无余额。该账户应按费用项目设置明细账户，进行明细核算。

3．"应付利息"账户

企业通过设置"应付利息"账户，核算企业应支付的借款利息。该账户属于负债类账户，贷方登记按借款合同约定利率计算的应付未付的利息，借方登记实际支付的利息；期末余额在贷方，表示企业应付未付的利息。该账户可按债权人设置明细账户，进行明细核算。

（三）短期借款的账务处理

短期借款的核算内容主要包括取得短期借款、计提应付利息及支付利息和偿还本金 3 项主要业务。

1．取得短期借款

企业借入短期借款时，借记"银行存款"账户，贷记"短期借款"账户。

2．计提应付利息及支付利息

企业借入短期借款应支付利息。在实际工作中，如果企业短期借款利息是按期支付的，如按季度支付利息，或者利息是在借款到期时连同本金一起偿还且其数额较大，则企业于月末应采用预提方式进行短期借款利息核算。短期借款利息属于企业的筹资费用，应当在发生时作为财务费用直接计入当期损益。其账务处理如下。

（1）按月计算出每月应付利息时（一般最后一个月可不计提，直接支付）

借：财务费用

　　贷：应付利息

（2）季末或半年末到期支付利息时

借：应付利息

　　财务费用（差额、季度或半年度最后一个月、未按月计提的当月利息部分）

　　贷：银行存款

如果企业的短期借款利息按月支付，或者在借款到期时连同本金一起归还且数额不大，也可以不采用预提的方法，而在实际支付或收到银行的计息通知时，直接计入当期损益，借记"财务费用"账户，贷记"银行存款"账户。

3. 偿还本金

短期借款到期时，应及时归还。短期借款到期偿还本金时，企业应借记"短期借款"账户，贷记"银行存款"账户。如果在借款到期时连同本金一起归还利息，则企业应将归还的利息通过"应付利息"或"财务费用"账户核算。

三、任务实施

根据任务布置的要求及以上知识的学习，短期借款的核算内容主要包括取得借款、计算应付利息及支付利息和偿还本金 3 项主要业务。企业在取得借款、计提利息及还本付息时的账务处理如表 2-2 所示。

表 2-2　短期借款业务的账务处理

事　项		账务处理
取得借款		借：银行存款 　　贷：短期借款
借款利息的处理	按月支付或按期支付但利息金额不大	借：财务费用 　　贷：银行存款
	按期支付、利息金额较大	借：财务费用 　　贷：应付利息
偿还借款本息		借：短期借款 　　财务费用（应付利息） 　　贷：银行存款

四、任务评价

根据任务要求实施并完成任务后，请填写本任务评价表，如表 2-3 所示。

表 2-3 任务评价表

序 号	任务清单	分值/分	完成度	得分/分
1	了解短期借款的含义和账户设置	20		
2	掌握短期借款取得的核算	20		
3	掌握短期借款利息的核算	40		
4	掌握短期借款偿还的核算	20		
	合 计	100		

五、任务练习

任务练习与解答

采购及应付款结算业务核算

↘ 思政目标

1. 办事严谨，能正确核算采购成本。

2. 合理安排付款时间，端正付款态度，不可恶意拖欠付款。

↘ 知识目标

1. 了解存货、应缴税费、应付账款、应付票据等相关概念。

2. 了解应缴税费的相关税种业务的核算。

3. 掌握原材料取得、领用、期末计量、清查及出售业务的核算。

4. 掌握周转材料不同情况下领用包装物及低值易耗品摊销业务的核算。

5. 掌握委托加工物资发出、加工、收回业务的核算。

6. 掌握票据贴现相关业务的核算。

↘ 技能目标

1. 能够准确对应付款进行结算。

2. 能准确审核收发单据、出入库单据、发票等业务单据。

3. 能依据各类业务单据编制相应业务记账凭证。

任务一　采购业务核算

一、任务情境

（一）任务场景

北京田艺装饰有限公司 8 月 5 日采购装修用材料水泥 20 袋、沙子 20 袋、乳胶漆 10 桶，价税合计共 8 362.00 元。材料已验收入库，款项暂未支付。相关原始凭证如图 3-1、图 3-2 和图 3-3 所示。

购 销 合 同

合同编号 10926908

购货单位（甲方）： 北京田艺装饰有限公司

供货单位（乙方）： 北京中讯新型材料有限公司

根据《中华人民共和国合同法》及国家相关法律、法规之规定，甲乙双方本着平等互利的原则，就甲方销买乙方货物一事达成以下协议。

一、货物的名称、数量及价格：

货物名称	规格型号	单位	数量	单价	金额	税率	价税合计
水泥		袋	20	40.00	800.00	13%	904.00
沙子		袋	20	150.00	3,000.00	13%	3,390.00
乳胶漆		桶	10	360.00	3,600.00	13%	4,068.00
合计（大写）　捌仟叁佰陆拾贰元整							8,362.00

二、交货方式和费用承担：交货方式：**销货方送货**　　　　　　，交货时间：2021年08月05日　　　前，

交货地点： 北京市朝阳区五里桥二街1号院7号楼0217　　，运费由　**销货方**　承担。

三、付款时间与付款方式：3个月内支付货款

四、质量异议期：订货方对供货方的货物质量有异议时，应在收到货物后　　7日　　内提出，逾期视为货物质量合格。

五、未尽事宜经双方协商可修订此协议，与本合同具有同等效力。

六、本合同自双方签字、盖章之日起生效；本合同壹式贰份，甲乙双方各执壹份。

甲方（签章）：　　　　　　　　　　　　　乙方（签章）：

授权代表：赵田艺　　　　　　　　　　　　授权代表：李忠

地　　址：北京市朝阳区五里桥二街1号院7号楼0217　　地　　址：北京海淀区学院路中讯大厦四层

电　　话：010-50072265　　　　　　　　电　　话：010-61323497

日　　期：2021 年 08 月 05 日　　　　　日　　期：2021 年 08 月 05 日

图 3-1　购销合同

入 库 单

No. 35582040

供货单位：北京中讯新型材料有限公司　　　2021 年 08 月 05 日

编 号	品 名	规 格	单位	数量	单价	金 额	备 注
00001	水泥		袋	20	40.00	800.00	
00002	沙子		袋	20	150.00	3,000.00	
00003	乳胶漆		桶	10	360.00	3,600.00	
合			计			7,400.00	

仓库主管：邢杰　　记账：朱丹　　保管：邢杰　　经手人：邢杰　　制单：邢杰

图 3-2　入库单

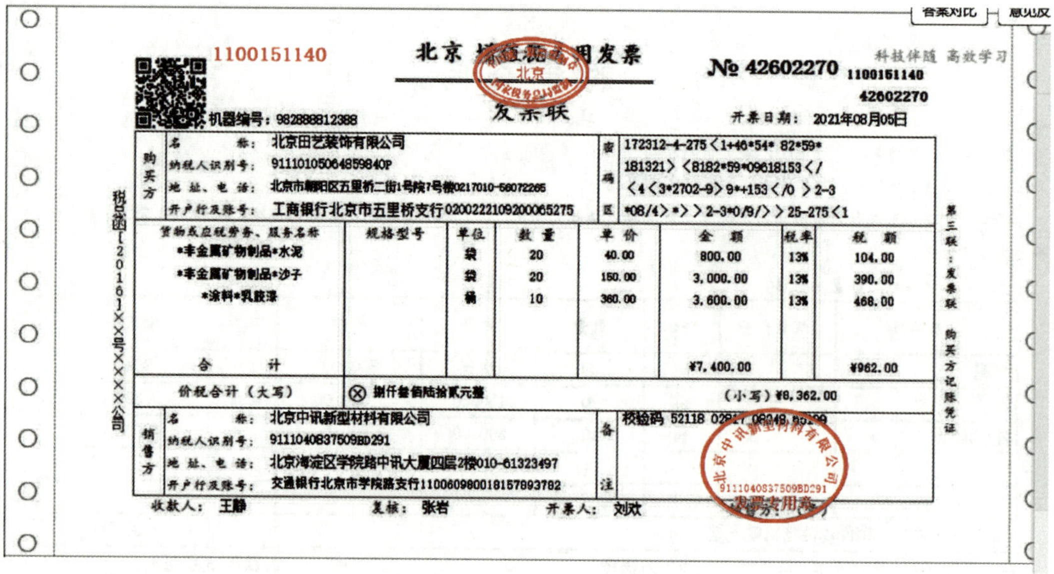

图 3-3 增值税专用发票

（二）任务布置

采购部门与供应单位签订采购合同后，向有关部门提交采购申请，采购部门进行采购。由于采购后未付款，因此形成应付账款。要求对所涉及的票据进行整理，并根据有关原始凭证完成 2021 年 8 月 5 日采购原材料的账务处理。

二、知识准备

（一）原材料成本核算

原材料日常核算既可以采用实际成本法，也可以采用计划成本法。

原材料采用实际成本法核算，是指原材料的收入、发出和结存无论总分类核算，还是明细分类核算，均按照实际成本计价。

1. 取得原材料的计价（实际成本法）

① 采购价款是指企业购入原材料时取得的发票账单上列明的价款，但不包括按规定可以抵扣的增值税税额。

② 相关税费是指企业购买原材料时可能发生的进口关税、消费税、资源税和不能从销项税税额中抵扣的增值税进项税额等。

③ 其他可归属于存货采购成本的费用是指采购成本中除上述各项以外的可归属于存货采购的费用。例如，运杂费、运输途中的合理损耗及入库前的挑选整理费用。

课堂训练 3-1 佳成公司为增值税一般纳税人。2021 年 2 月 2 日，购进原材料 2 000 千克，不含税单价 20 元 / 千克。增值税专用发票上注明的价款为 40 000 元、增值税税额为 5 200 元；取得的运输专用发票上注明的运费为 600 元、增值税税额为 54 元；发生保险费 300 元。该材料在运输途中发生合理损耗 1%（20 千克）；入库前发生挑选整理费 5 000 元，入库后发

生保管费 1 000 元。该批原材料采购总成本及原材料实际入库单位成本为多少？（本书金额计算结果均保留 2 位小数）

采购总成本 =40 000+600+300+5 000=45 900（元）

采购单位成本 =45 900÷（2 000-20）=23.18（元／千克）

2. 原材料采购费用的分配

在计算原材料（以下简称材料）采购成本时，材料的买价属于直接计入材料的采购成本。而对于采购费用来说，凡能划分清楚属于哪种材料的费用的，应直接计入该种材料的采购成本；凡不能划分清楚的，应按照一定的标准分配计入各种材料的采购成本。材料采购费用的分配标准一般为采购材料的重量、买价、体积等，会计人员可根据采购材料特点的不同选择合适的分配标准。但分配标准一经确定，就不可随意改变，以避免出现共同性费用分配中的主观随意性。

由几种材料共同负担的采购费用的分配，应先计算采购费用分配率，然后根据采购费用分配率计算各种材料应负担的采购费用。其计算公式为：

采购费用分配率 = 应分配的采购费用总额÷各种材料总重量（或买价、体积）

某种材料应分摊的采购费用 = 该种材料重量（或买价、体积）×采购费用分配率

课堂训练 3-2 佳成公司为增值税一般纳税人。2021 年 2 月 3 日，购入木耳、海带两种材料。其中，木耳 2 000 千克，不含税单价 50 元／千克；海带 1 000 千克，不含税单价 18 元／千克。两种材料共发生运费 1 200 元（不含增值税）。材料运费按两种材料的重量比例进行分配，根据上述资料编制材料采购成本计算表，如表 3-1 所示。

表 3-1 材料采购成本计算表　　　　元

材料名称	数量／千克	单价／(元／千克)	买价	运费分配率／(元／千克)	运费分配额	总成本	单位成本／(元／千克)
木耳	2 000	50	100 000		800	100 800	50.4
海带	1 000	18	18 000		400	18 400	18.4
合计	3 000		118 000	0.4			

采购费用分配率 = 应分配的采购费用总额 ÷ 各种材料总重量（或买价、体积）=1 200÷（2 000+1 000)=1 200÷3 000=0.4（元／千克）

木耳应分摊的运费 =2 000×0.4=800（元）

海带应分摊的运费 =1 000×0.4=400（元）

木耳的单位成本 =100 800÷2 000=50.4（元／千克）

海带的单位成本 =18 400÷1 000=18.4（元／千克）

3. 实际成本法下账户设置

为了加强材料采购业务的管理，核算、监督材料采购费用的发生，处理与供应单位的结

算关系及正确计算材料的实际采购数量和实际采购成本，需要设置以下账户。

（1）反映采购材料成本的账户

反映采购材料成本的账户按照材料是否验收入库可分别设置"原材料"账户和"在途物资"账户。

①"原材料"账户。"原材料"账户属于资产类账户，在材料日常核算采用实际成本法核算的企业，该账户用来核算企业库存材料增减变动及其结存的实际成本。其借方登记已验收入库材料的实际成本，贷方登记发出材料的实际成本。

②"在途物资"账户。"在途物资"属于资产类账户，在材料日常核算采用实际成本法核算的企业，该账户用来核算价款已付但尚未验收入库的在途物资的采购成本。其借方登记企业购入的在途物资的实际成本，贷方登记验收入库的在途物资的实际成本。

（2）反映应交税费的账户

为了核算增值税，需要设置"应交税费"总账账户，并在"应交税费"总账账户下设置"应交增值税"明细账户。为了记录企业购入货物等所承担的增值税，应通过"应交税费——应交增值税（进项税额）"账户进行核算。

（3）反映结算内容的账户

企业采购材料，必将与供应商发生结算关系。根据结算情况的不同，可以设置"库存现金""银行存款""应付票据""应付账款""预付账款"等账户进行核算。

4. 实际成本法下采购材料的核算

企业外购材料时，由于采购地点、交接方式和结算方式的不同，因此会使材料入库、货款支付、收到发票账单不在同一时间。因此，相应的账务处理也有所不同。

（1）发票账单与材料同时到达（单料同到）

相关的账务处理如下。

借：原材料

　　应交税费——应交增值税（进项税额）

　贷：银行存款、应付账款等

课堂训练 3-3 佳成公司为增值税一般纳税人。2021年2月10日，从乙公司购入材料A。取得的增值税专用发票上注明的材料价款为 100 000 元、增值税税额为 13 000 元。另外，对方垫付运输费 1 090 元。增值税专用发票上注明运费为 1 000 元、增值税税额为 90 元。发票等结算凭证已经收到，全部款项已开具银行支票转账支付，材料已验收入库。

增值税进项税额=13 000+90=13 090（元）

材料采购成本=100 000+1 000=101 000（元）

借：原材料——A　　　　　　　　　　　　　　　　　　　　101 000

　　应交税费——应交增值税（进项税额）　　　　　　　　　 13 090

　　贷：银行存款　　　　　　　　　　　　　　　　　　　　　　 114 090

（2）发票账单已到，材料未到（单到料未到）

相关的账务处理如下。

借：在途物资

应交税费——应交增值税（进项税额）

贷：银行存款、应付账款等

课堂训练 3-4 佳成公司为增值税一般纳税人。2021 年 2 月 10 日，采用汇兑结算方式从乙公司购入材料 B 一批。发票账单已收到，增值税专用发票上注明的价款为 20 000 元、增值税税额为 2 600 元。支付保险费 1 000 元，开具的增值税专用发票上注明的保险费为 943 元、增值税税额为 57 元。材料尚未到达。

借：在途物资——乙公司	20 943
应交税费——应交增值税（进项税额）	2 657
贷：银行存款	23 600

课堂训练 3-5 承课堂训练 3-4，上述购入的材料已收到，并验收入库。

借：原材料——B	20 943
贷：在途物资——乙公司	20 943

（3）材料已到，发票账单未到（料到单未到）

在日常核算中，对于材料已到达并已验收入库，但发票账单等结算凭证未到，货款尚未支付的采购业务：平时货到入库时，可暂不做账务处理，等到发票账单到达并付款后，再视同第一种情况（单料同到）进行账务处理。

月末，如果已入库材料仍未收到发票账单，无法确定实际成本，则应按照暂估价值先入账，借记"原材料"账户，贷记"应付账款——暂估应付账款"账户，以便正确反映存货及负债情况。

下月初做相反的会计分录（或红字凭证）予以冲回，等收到发票账单后再按照实际金额入账，借记"原材料""应交税费——应交增值税（进项税额）"账户，贷记"银行存款""应付账款""应付票据"等账户。

课堂训练 3-6 佳成公司为增值税一般纳税人。2021 年 2 月 22 日，采用托收承付结算方式购入 1 000 千克材料 C，材料已验收入库。2 月 25 日，收到材料 C 的发票账单，单价 30 元/千克，增值税税率为 13%，价税合计 33 900 元。货款已通过银行转账支付。

2 月 22 日将材料 C 验收入库，不做任何账务处理。

2 月 25 日进行如下账务处理。

借：原材料——C	30 000
应交税费——应交增值税（进项税额）	3 900
贷：银行存款	33 900

课堂训练 3-7 承课堂训练3-6，假设上述 2021 年 2 月 22 日购入的材料 C 到月末也未收到发票账单等结算凭证，货款也尚未支付，无法确定其实际成本。月末，按照暂估价 30 000 元入账。3 月 10 日收到发票账单，增值税专用发票上注明的价款为 30 000 元、增值税税额为 3 900 元，对方代垫保险费 2 000 元。已用银行存款付讫。

（1）月末暂估时

借：原材料——C   30 000

  贷：应付账款——暂估应付账款   30 000

（2）下月初做相反的账务处理予以冲回

借：应付账款——暂估应付账款   30 000

  贷：原材料   30 000

（3）3 月 10 日收到发票账单时

借：原材料——C   32 000

  应交税费——应交增值税（进项税额）   3 900

  贷：银行存款   35 900

（4）采用预付货款的方式采购材料

<1> 已经预付货款的材料验收入库时

借：原材料

  应交税费——应交增值税（进项税额）

  贷：预付账款

<2> 预付材料物资价款时

借：预付账款

  贷：银行存款

<3> 补付余款时

借：预付账款

  贷：银行存款

课堂训练 3-8 佳成公司为增值税一般纳税人。2021 年 3 月 4 日，向乙公司预付材料款 30 000 元用于购买材料 D。3 月 20 日，材料运到并验收入库，收到乙公司开具的增值税专用发票上注明的材料价款为 40 000 元、增值税税额为 4 200 元。当日以银行转账方式补付余额。

（1）3 月 4 日，预付材料款时

借：预付账款——乙公司   30 000

  贷：银行存款   30 000

（2）3 月 20 日，材料到达并验收入库时

借：原材料——D   40 000

  应交税费——应交增值税（进项税额）   4 200

贷：预付账款——乙公司		44 200

（3）补付余款时

借：预付账款——乙公司		14 200
贷：银行存款		14 200

5. 实际成本法下发出材料的计价

在实际成本法下，企业可根据不同情况，合理选择个别计价法、先进先出法、加权平均法等进行发出材料的计价。

（1）个别计价法

个别计价法又称个别认定法、具体辨认法、分批实际法。采用这一方法是假设材料具体项目的实物流转与成本流转一致，分别按其购入或生产时所确定的单位成本作为计算各批发出存货和期末存货的成本。发出存货实际成本的计算公式为：

每批存货发出成本＝该批存货发出数量×该批存货收入时的实际单位成本

采用这种方法，对发出材料的成本和期末结存材料的成本计算准确，符合实际情况。这种方法一般适用于那些容易识别、材料品种数量少、同类产品存在较大差异、单位成本较高一般不能替代使用的存货，以及为特定项目专门购入或制造的存货及提供的劳务，如珠宝、名画等贵重物品。

（2）先进先出法

先进先出法是假定先购进的材料先发出或先收到的材料先耗用，并根据这种假定的成本流程对发出材料和期末结存材料进行计价的方法。

（3）加权平均法

在企业实务中，加权平均法有月末一次加权平均法和移动加权平均法两种。

<1> 月末一次加权平均法

月末一次加权平均法是指以本月全部进货数量加上月初材料数量作为权数，去除当月全部进货成本加上月初材料成本的总数，计算出材料的加权平均单位成本，以此为基础计算当月发出材料的成本和期末材料成本的一种方法。其计算公式为：

材料加权平均单价＝（本月全部进货成本＋月初材料成本）÷

（本月全部进货数量＋月初材料数量）

本月发出材料的成本＝本月发出材料数量×材料加权平均单价

本月月末库存材料成本＝月末库存材料数量×材料加权平均单价

＝月初材料成本＋本月全部进货成本－

本月发出材料实际成本

采用月末一次加权平均法只在月末一次计算加权平均单价，因而有利于简化成本计算工作。但由于平时无法从账上提供发出和结存存货的单价及金额，因此不利于存货成本的日常管理与控制。

<2> 移动加权平均法

移动加权平均法是以每次进货的成本加上原有库存存货的成本，除以每次进货数量与原

有库存存货的数量之和，据以计算加权平均单价，作为在下次进货前计算各次发出存货成本的依据的一种方法。

采用移动加权平均法能够使企业管理层及时了解存货的结存情况，计算的平均单价及发出和结存的存货成本比较客观，并且可以把材料的计价工作分散在平时进行，有助于加快月末的结账速度。但由于每次收货都要计算一次平均单价，因此计算工作量较大，对收发货较频繁的企业不适用。其计算公式为：

移动加权平均单价=（原有结存材料实际成本＋本次收入材料实际成本）÷

（原有结存材料数量＋本次收入材料数量）

本次发出材料的成本=本次发出材料的数量×本次发出材料前材料移动加权平均单价

本月月末库存材料成本=月末库存材料的数量×本月月末材料移动加权平均单价

6. 实际成本法下发出材料的核算

材料发出的去向有 3 个：生产领用，即在生产经营活动中被耗用；对外销售；用于其他方面，如改变用途用于工程建设、对外投资或捐赠及集体福利等。

① 生产领用。生产领用的材料，应按用途分别记入有关账户。其中，基本生产车间产品生产耗用的，应借记"生产成本——基本生产成本"账户；辅助生产车间耗用的，应借记"生产成本——辅助生产成本"账户；生产车间一般耗用的，应借记"制造费用"账户；企业行政部门一般耗用的，应借记"管理费用"账户；销售产品时领用的，应借记"销售费用"账户；委托加工发出的材料，应借记"委托加工物资"账户。同时，贷记"原材料"账户。

课堂训练 3-9 2021 年 3 月 31 日，佳成公司根据材料出库单汇总计算所有材料的发出情况，按领用部门和用途，汇总编制发料凭证汇总表，如表 3-2 所示。

表 3-2　发料凭证汇总表

2021 年 3 月 31 日　　　　　　　　　　　　　　　　　元

领料部门	材料 A	材料 B	辅助材料	燃　料	合　计
基本生产车间	123 800	50 000	8 500	2 500	184 800
车间一般耗用	8 000	7 000	3 000	3 000	21 000
行政管理部门	2 000			1 800	3 800
销售部门				800	800
合　计	133 800	57 000	11 500	8 100	210 400

借：生产成本——基本生产成本　　　　　　　　　　　　　　184 800

　　制造费用　　　　　　　　　　　　　　　　　　　　　21 000

　　管理费用　　　　　　　　　　　　　　　　　　　　　3 800

　　销售费用　　　　　　　　　　　　　　　　　　　　　800

　　贷：原材料——A　　　　　　　　　　　　　　　　　133 800

　　　　原材料——B　　　　　　　　　　　　　　　　　57 000

原材料——辅助材料	11 500
原材料——燃料	8 100

② 对外销售。企业出售材料，一方面要反映材料销售收入的实现，按已收或应收的价款借记"银行存款""应收账款"等账户，按实现的销售收入，贷记"其他业务收入"账户，按增值税专用发票上注明的增值税税额，贷记"应交税费——应交增值税（销项税额）"账户；另一方面要反映已售材料成本的结转，按出售材料的实际成本，借记"其他业务成本"账户，贷记"原材料"账户。

③ 用于其他方面。按福利部门领用材料的金额，借记"应付职工薪酬——职工福利"账户，按在建工程领用材料的金额，借记"在建工程"账户；按照发出材料的金额，贷记"原材料"账户。涉及增值税和消费税等相关税费的，还要进行相应的账务处理。企业发出材料用于对外投资、捐赠，以及分配给投资者时，应视同销售材料，借记"长期股权投资""营业外支出""利润分配"等账户，贷记"其他业务收入""应交税费——应交增值税（销项税额）等账户，同时结转成本。

7. 采用计划成本法核算

计划成本法是指企业存货的收入、发出和结存都按企业制定的计划成本计算，同时将实际成本和计划成本之间的差额，单独设置"材料成本差异"账户反映，期末将发出存货和期末存货由计划成本调整为实际成本。

实际成本法核算适用于规模较小、存货品种较少、采购业务不多的企业。在实际工作中，对于材料收发业务较多且计划成本资料较为健全、准确的企业，一般可以采用计划成本法进行材料收入、发出的核算。

三、任务实施

（一）业务流程（见图3-4）

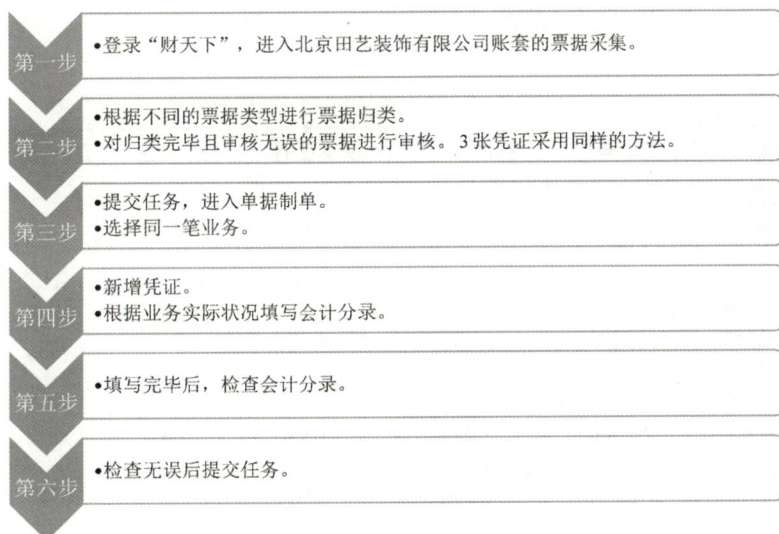

第一步	• 登录"财天下"，进入北京田艺装饰有限公司账套的票据采集。
第二步	• 根据不同的票据类型进行票据归类。 • 对归类完毕且审核无误的票据进行审核。3张凭证采用同样的方法。
第三步	• 提交任务，进入单据制单。 • 选择同一笔业务。
第四步	• 新增凭证。 • 根据业务实际状况填写会计分录。
第五步	• 填写完毕后，检查会计分录。
第六步	• 检查无误后提交任务。

图3-4　业务流程

（二）任务操作

任务操作图解　　任务操作视频

四、任务评价

根据任务要求实施并完成任务后，请填写任务评价表，如表 3-3 所示。

表 3-3　任务评价表

序　号	任务清单	分值/分	完成度	得分/分
1	了解存货、应缴税费、应收（付）账款、应收（付）票据等相关概念	40		
2	掌握材料取得、领用、期末计量、清查及出售业务的核算	60		
合　计		100		

五、任务练习

任务练习与解答

任务二　应付款项与预付款项核算

一、任务情境

（一）任务场景

2021 年 8 月 31 日，北京田艺装饰有限公司计提本月社保及住房公积金（工程部职工薪酬记入"主营业务成本——提供劳务成本"账户，设计部职工薪酬记入"主营业务成本——提供服务成本"账户），如表 3-4 所示。

表 3-4　社保及住房公积金汇总　　　　　　　　　　　　　　　　　　　　　元

部　门	费用账户	社保基数	基本养老	基本医疗	失　业	工　伤	生　育	住房公积金
工程部	主营业务成本——提供劳务成本	16 500	2 640	1 650	132	33	132	1 980
设计部	主营业务成本——提供服务成本	9 000	1 440	900	72	18	72	1 080
行政部、财务部、库管部	管理费用	20 500	3 280	2 050	164	41	164	2 460
销售部	销售费用	6 500	1 040	650	52	13	52	780
合　计		52 500	8 400	5 250	420	105	420	6 300

（二）任务布置

8 月 31 日，北京田艺装饰有限公司计提本月社保及住房公积金。

① 请票据处理岗采集票据信息。

② 请票据处理岗根据有关原始凭证，完成本月社保及住房公积金计提的账务处理。

二、知识准备

（一）应付账款的核算

1. 应付账款概述

应付账款是指企业因购买材料、商品和接受劳务等经营活动应支付的款项。应付账款一般是买卖双方在购销活动中，因取得物资与支付货款的时间不一致而产生的负债。

应付账款的入账时间原则上应以与所购入物资所有权相关的主要风险和报酬已经转移，或者接受劳务已发生为标志。

2. 应付账款的账户设置

企业应通过"应付账款"账户，核算应付账款的发生、偿还及转销情况。该账户属于负债类账户，贷方登记企业购买物资、接受劳务等发生的应付未付的款项，借方登记企业支付款项或开出、承兑商业汇票抵付的应付账款；期末贷方余额表示企业尚未偿还的款项。

3. 应付账款的入账金额

应付账款一般按实际应付金额入账，而不按到期应付金额的现值入账。在企业购入资产取得增值税专用发票的情况下，如果发票价款包括增值税税额，就确认为应付账款；如果存在由销售方代垫的运输费用、装卸费等费用，则也应该计入应付账款入账金额。

当存在现金折扣时，根据我国《企业会计准则》的规定应采用总价法核算，应付账款按发票上注明的金额总值入账；因享受现金折扣而少付的金额应冲减财务费用。

4. 应付账款的账务处理

（1）一般情况下购买材料、商品等物资形成的应付账款

<1> 购买物资，取得发票账单时

借：材料采购等

应交税费——应交增值税（进项税额）

贷：应付账款

<2> 支付应付款时

借：应付账款

贷：银行存款等

课堂训练 3-10 2021 年 4 月 1 日，佳成公司采购员向山东中远有限责任公司（以下简称山东中远）购入材料成型板 200 张，不含税单价为 250 元 / 张。货物当天到达，验

收全部合格入库。同时，收到增值税专用发票一张，注明的价款为 50 000 元、增值税税额为 6 500 元。

借：原材料——成型板	50 000
应交税费——应交增值税（进项税额）	6 500
贷：应付账款——山东中远	56 500

课堂训练 3-11 2021 年 4 月 2 日，佳成公司开具一张面值 56 500 元的银行汇票支付山东中远成型板货款。

借：应付账款——山东中远	56 500
贷：其他货币资金——银行汇票存款	56 500

（2）现金折扣条件下因购买材料、商品等物资形成的应付账款

当企业在现金折扣条件下购买材料、商品等物资时，应以总价（不扣除现金折扣）确认应付账款；企业因享受现金折扣少付的金额，贷记"财务费用"账户。

<1> 购买物资，取得发票账单时

借：材料采购等（发票金额）

　应交税费——应交增值税（进项税额）（满足抵扣条件时）

　贷：应付账款（总价）

<2> 折扣期内付款时　　　　　　　　　　　超过折扣期付款时

借：应付账款（总价）　　　　　　　　借：应付账款（总价）

　贷：银行存款（总价-现金折扣额）　　　贷：银行存款（总价）

　　财务费用（享受的现金折扣额）

课堂训练 3-12 2021 年 4 月 5 日，佳成公司采购员向江苏中亚有限责任公司（以下简称江苏中亚）购入材料封边条 500 盘，不含税单价为 180 元/盘。当天收到订购的封边条 500 盘，经仓储部门检验没有质量问题——数量、规格符合合同标准，并将货物验收入库。收到江苏中亚开具的增值税专用发票一张，注明的数量为 500 盘、价款为 90 000 元、增值税税额为 11 700 元，价税合计 101 700 元。双方约定付款条件为"2/10，1/20，n/30"，现金折扣不考虑增值税税额。

（1）4 月 5 日购入材料时

借：原材料——封边条	90 000
应交税费——应交增值税（进项税额）	11 700
贷：应付账款——江苏中亚	101 700

（2）如果公司于 4 月 12 日以汇兑方式支付货款

借：应付账款——江苏中亚	101 700
贷：银行存款	99 900
财务费用	1 800

（3）如果公司于4月21日以汇兑方式支付货款

借：应付账款——江苏中亚　　　　　　　　　　　　　　101 700

　　贷：银行存款　　　　　　　　　　　　　　　　　　　100 800

　　　　财务费用　　　　　　　　　　　　　　　　　　　　　900

（4）如果公司于4月28日以汇兑方式支付货款

借：应付账款——江苏中亚　　　　　　　　　　　　　　101 700

　　贷：银行存款　　　　　　　　　　　　　　　　　　　101 700

需要注意，在实务中，企业外购电力、燃气等动力一般通过"应付账款"账户核算，即在每月支付时先做暂付款处理。

<1> 根据缴费通知单支付电费等时

借：应付账款

　　贷：银行存款等

<2> 月末根据编制的费用分配表分配费用

借：生产成本、制造费用、管理费用等

　　贷：应付账款

<3> 转销确实无法支付的应付账款

当企业存在因债权人撤销等原因而产生无法支付的应付账款时，应按其账面余额转入营业外收入。

课堂训练 3-13 2021年4月29日，佳成公司有一笔应付账款5 000元无法支付，应予以转销。

借：应付账款　　　　　　　　　　　　　　　　　　　　　5 000

　　贷：营业外收入　　　　　　　　　　　　　　　　　　　5 000

（二）应付票据的核算

1. 应付票据概述

当企业采用商业承兑汇票结算货款时，购货方签发商业承兑汇票后即构成一种债务，所签发承兑的汇票称为应付票据。

我国商业汇票的付款期限不超过6个月，因此企业应将应付票据作为流动负债管理和核算。同时，由于应付票据的偿付时间较短，因此在会计实务中，承兑的应付票据应按照面值入账。

2. 应付票据的账户设置

"应付票据"账户属于负债类账户，借方登记企业到期支付或无力支付而转出的应付票据票面金额，贷方登记企业开出并经承兑的商业汇票面值。

3.应付票据的账务处理

（1）签发或承兑商业汇票

<1> 企业开出、承兑商业汇票时

借：材料采购、在途物资或库存商品等

应交税费——应交增值税（进项税额）

贷：应付票据

<2> 企业以承兑商业汇票抵付货款、应付账款时

借：应付账款

贷：应付票据

<3> 支付银行承兑汇票手续费时

借：财务费用

贷：银行存款

课堂训练 3-14 2021 年 5 月 8 日，佳成公司以期限为 3 个月、面值为 33 900 元的不带息银行承兑汇票支付前欠购货款。因该银行承兑汇票，佳成公司向银行支付手续费 17 元。

（1）企业以承兑商业汇票抵付应付账款时

借：应付账款   33 900

    贷：应付票据   33 900

（2）支付银行承兑汇票手续费时

借：财务费用   17

    贷：银行存款   17

（2）带息票据期末利息计提

对于带息票据，每年的中期、期末或年末，企业应按照票据的票面价值和票面利率计算应付利息，借记"财务费用"账户，贷记"应付票据"账户。票据到期支付本息时，冲减"应付票据"账户。这样，在年度或中期的资产负债表上的"应付票据"项目的金额包括应付票据的面值和应付未付的利息。在实务操作中，如果票据期限较短，利息金额不大，则为简化核算手续，可不预提利息，在票据到期支付票据面值和利息时，将利息一次记入"财务费用"账户。

（3）商业汇票到期

① 应付票据到期，企业有能力支付票款时，对于不带息票据，按面值借记"应付票据"账户，贷记"银行存款"账户；对于带息票据，按账面余额借记"应付票据"账户（如果未预提过利息，则账面余额为面值；如果预提过利息，则账面余额为面值加已预提的利息），未计提的利息部分，借记"财务费用"账户，贷记"银行存款"账户。

借：应付票据

    财务费用

贷：银行存款

②应付票据到期，如果企业无力支付票款，则应根据不同情况进行处理：对于商业承兑汇票，应转作应付账款，借记"应付票据"账户，贷记"应付账款"账户；对于银行承兑汇票，银行已代为付款，应作为逾期贷款处理，借记"应付票据"账户，贷记"短期借款"账户。

借：应付票据
　　财务费用
　　贷：应付账款（商业承兑汇票）
　　　　短期借款（银行承兑汇票）

课堂训练 3-15 承课堂训练 3-14，假定 2021 年 12 月 15 日，接银行通知，佳成公司支付 5 月 8 日开出的银行承兑汇票款 33 900 元。

借：应付票据 33 900
　　贷：银行存款 33 900

课堂训练 3-16 承课堂训练 3-15，假定 2021 年 12 月 15 日，接银行通知，佳成公司账户金额不足以支付 5 月 8 日开出的银行承兑汇票款 33 900 元。

借：应付票据 33 900
　　贷：短期借款 33 900

（三）其他应付款核算

1. 其他应付款概念

其他应付款是指企业除应付票据、应付账款、预收账款、应付职工薪酬、应缴税费、应付利息、应付股利等经营活动以外的其他各项应付、暂收的款项，如应付短期租赁固定资产租金、租入包装物租金、存入保证金等。

2. 其他应付款的账户设置

企业应设置"其他应付款"账户核算其他应付款的增减变动及其结存情况。该账户贷方登记发生的各种应付、暂收款项，借方登记偿还或转销的各种应付、暂收款项；该账户期末贷方余额，反映企业应付未付的其他应付款项。本账户按照其他应付款的项目和对方单位（或个人）设置明细账户进行明细核算。

3. 其他应付款的账务处理

课堂训练 3-17 2021 年 6 月 1 日，佳成公司从丙公司租入包装物，向出租方支付押金 4 000 元。6 月 21 日，将租入的包装物按期退回，公司收到出租方退还的押金 4 000 元。存入银行。

（1）承租方账务处理

<1> 支付押金时

借：其他应收款——包装物押金（丙公司）　　　　　　　　　4 000
　　贷：银行存款　　　　　　　　　　　　　　　　　　　　　　　4 000
〈2〉收回押金时
借：银行存款　　　　　　　　　　　　　　　　　　　　　　4 000
　　贷：其他应收款——包装物押金（丙公司）　　　　　　　　　　4 000
（2）出租方账务处理
〈1〉收到押金时
借：银行存款　　　　　　　　　　　　　　　　　　　　　　4 000
　　贷：其他应付款——包装物押金（佳成公司）　　　　　　　　　4 000
〈2〉退还押金时
借：其他应付款——包装物押金（佳成公司）　　　　　　　　4 000
　　贷：银行存款　　　　　　　　　　　　　　　　　　　　　　4 000

（四）应缴增值税的核算

1. 增值税的概念和征税范围

增值税是指对我国境内销售货物或加工、修理修配劳务（以下简称劳务），销售服务、无形资产、不动产及进口货物的单位和个人的增值额征收的一种流转税。其中，服务是指提供交通运输服务、建筑服务、邮政服务、电信服务、金融服务、现代服务、生活服务。

2. 纳税义务人

增值税的纳税义务人是指在境内销售货物或劳务，销售服务、无形资产、不动产及进口货物的单位和个人。根据经营规模大小及会计核算水平的健全程度，增值税纳税人分为一般纳税人与小规模纳税人；计算增值税的方法分为一般计税方法和简易计税方法。小规模纳税人的标准为年应征增值税销售额500万元及以下。

（1）一般纳税人

一般纳税人是指年应税销售额超过财政部、国家税务总局规定标准的增值税纳税人。其应纳税额的计算公式为：

$$一般纳税人应纳税额 = 当期销项税额 - 当期进项税额$$

① 公式中的当期销项税额是指纳税人当期销售货物、劳务、服务、无形资产、不动产时按照销售额与增值税税率计算并收取的增值税税额。其中，销售额是指纳税人销售货物、劳务、服务、无形资产、不动产向购买方收取的全部价款和价外费用，不包括收取的销项税额。当期销项税额的计算公式为：

$$当期销项税额 = 不含税销售额 × 增值税税率$$

② 公式中的当期进项税额是指纳税人购进货物、劳务、服务、无形资产、不动产（以下统称应税销售行为），应支付或负担的增值税税额。

（2）小规模纳税人

小规模纳税人是指年销售额在规定标准以下，并且会计核算不健全，不能按规定报送有关税务资料的增值税纳税人。这里的会计核算不健全是指不能正确核算增值税的销项税额、进项税额和应纳税额。

对小规模纳税人，可实行简易计税方法征收增值税。增值税的简易计税方法按照不含税销售额与增值税税率的乘积计算应纳税额，不得抵扣进项税额。其应纳税额的计算公式为：

$$小规模纳税人应纳税额＝不含税销售额×增值税税率$$

3. 增值税税率

增值税税率又称增值税征收率，反映的是货物或劳务所负担的增值税税款与其流转额之间的比率。增值税一般纳税人的增值税税率为 13%、9%、6% 和零税率，计算增值税大多采用一般计税方法；小规模纳税人一般采用简易计税方法，增值税税率为 3% 和 5%。一般纳税人发生财政部和国家税务总局规定的特定应税销售行为，也可以选择简易计税方法计税，但是不得抵扣进项税额。

4. 一般纳税人的账务处理

一般纳税人应在"应交税费"账户下设置"应交税费——应交增值税"和"应交税费——未交增值税"两个明细账户进行核算。其中，"应交税费——应交增值税"账户分别设置"进项税额""销项税额抵减""已交税金""转出未交增值税""转出多交增值税""减免税额""出口抵减内销产品应纳税额""销项税额""出口退税""进项税额转出"等专栏。

课堂训练 3 - 18 2021 年 6 月 21 日，佳成公司购入农产品一批。农产品收购发票上注明的买价为 400 000 元，规定的增值税税率为 9%。货物尚未到达，价款已用银行存款支付。

进项税额 = 购买价款 × 增值税税率 =400 000×9%=36 000（元）

借：在途物资 364 000
　　应交税费——应交增值税（进项税额） 36 000
　　贷：银行存款 400 000

企业已单独确认进项税额的应税销售行为但其事后改变用途（如用于简易计税方法计税项目、免征增值税项目、非增值税应税项目等），或者发生非正常损失，原已计入进项税额、待抵扣进项税额或待认证进项税额的，按照现行增值税制度的规定，不得从销项税额中抵扣。

根据现行增值税制度的规定，非正常损失是指因管理不善造成货物被盗、丢失、霉烂变质，以及因违反法律法规造成货物或不动产被依法没收、销毁、拆除的情形。

课堂训练 3 - 19 2021 年 6 月 22 日，佳成公司领用一批外购原材料用于集体福利。该批原材料的实际成本为 50 000 元，相关的增值税专用发票上注明的增值税税额为 6 500 元。

借：应付职工薪酬——职工福利费 56 500
　　贷：原材料 50 000

应交税费——应交增值税（进项税额转出）	6 500

销售等业务的账务处理如下。

借：银行存款
 贷：主营业务收入
  应交税费——应交增值税（销项税额）

课堂训练 3-20 2021 年 6 月 23 日，佳成公司销售产品一批。开具的增值税专用发票上注明的价款为 2 150 000 元、增值税税额为 279 500 元。提货单和增值税专用发票已交给买方，款项尚未收到。

借：应收账款	2 429 500
贷：主营业务收入	2 150 000
应交税费——应交增值税（销项税额）	279 500

企业有些交易和事项按照现行增值税制度的规定，应视同对外销售处理，计算应缴增值税税额。

课堂训练 3-21 2021 年 6 月 23 日，佳成公司用一批原材料对外进行长期股权投资。该批原材料实际成本为 600 000 元，双方协商不含税价值为 700 000 元。开具的增值税专用发票上注明的增值税税额为 91 000 元。

借：长期股权投资	791 000
贷：其他业务收入	700 000
应交税费——应交增值税（销项税额）	91 000

同时，

借：其他业务成本	600 000
贷：原材料	600 000

企业缴纳当月应缴的增值税，借记"应交税费——应交增值税（已交税金）"账户，贷记"银行存款"账户；企业缴纳以前期间未缴的增值税，借记"应交税费——未交增值税"账户，贷记"银行存款"账户。月末转出多缴增值税和未缴增值税。

5. 小规模纳税人的账务处理

小规模纳税人核算增值税采用简易计税方法，即应税销售行为取得的增值税专用发票上注明的增值税税额，一律不予抵扣，直接计入相关成本费用或资产。小规模纳税人发生应税销售行为时，按照不含税的销售额和规定的增值税税率计算应缴纳的增值税（应纳税额），一般不开具增值税专用发票。

一般来说，小规模纳税人采用销售额和应纳税额合并定价的方法并向客户结算款项；发生应税销售行为后，应进行价税分离，确定不含税的销售额。不含税销售额的计算公式为：

$$不含税销售额 = 含税销售额 \div (1 + 增值税税率)$$

课堂训练 3-22 大华商贸公司为增值税小规模纳税人，适用的增值税税率为3%，材料按实际成本法核算。该企业发生经济业务如下：2021年7月3日，购入材料一批，取得的增值税专用发票上注明的价款为20 000元、增值税税额为2 600元，款项以银行存款支付，材料已验收入库；15日，销售产品一批，开具的增值税普通发票上注明的价款（含税）为30 900元，款项已存入银行。30日，以银行存款缴纳增值税900元。

不含税销售额＝含税销售额÷（1+增值税税率）=30 900÷（1+3%）=30 000（元）

应纳税额＝不含税销售额×增值税税率=30 000×3%=900（元）

（1）3日，购入材料

借：原材料 22 600

  贷：银行存款 22 600

（2）15日，销售产品

借：银行存款 30 900

  贷：主营业务收入 30 000

   应交税费——应交增值税 900

（3）30日，缴纳增值税

借：应交税费——应交增值税 900

  贷：银行存款 900

（五）应缴消费税的核算

1. 消费税概述

消费税是以消费品的流转额作为征税对象的各种税收的统称，是政府向消费品征收的税项，可对批发商或零售商征收。消费税是典型的间接税，实行价内税，在应税消费品的生产销售和进口环节缴纳，税款最终由消费者承担。

2. 消费税纳税人

生产、委托加工和进口规定的消费品的单位与个人，以及国务院确定的销售规定的消费品的其他单位和个人，为消费税的纳税人。

3. 消费税的征税范围

消费税的征税范围是：生产应税消费品；委托加工应税消费品；进口应税消费品。

4. 消费税应纳税额的计算公式

（1）从价定率办法

$$消费税应纳税额＝销售额×比例税率$$

（2）从量定额办法

$$消费税应纳税额＝销售数量×定额税率$$

（3）复合计税办法

$$消费税应纳税额 = 销售额 \times 比例税率 + 销售数量 \times 定额税率$$

5.应缴消费税的账务处理

企业应在"应交税费"账户下设置"应交消费税"明细账户，核算消费税的发生、缴纳情况。该账户贷方登记应缴纳的消费税，借方登记已缴纳的消费税；期末贷方余额反映企业尚未缴纳的消费税，期末借方余额反映企业多缴纳的消费税。应税消费品用于对外投资和其他非生产机构时，做如下账务处理。

（1）确认收入

借：长期股权投资

贷：主营业务收入或其他业务收入

应交税费——应交增值税（销项税额）（按计税价计算销项税额）

（2）同时结转成本

借：主营业务成本 / 其他业务成本 / 存货跌价准备

贷：库存商品 / 原材料

（3）计算应缴消费税

借：税金及附加

贷：应交税费——应交消费税

（4）应税消费品用于在建工程时

借：在建工程

存货跌价准备

贷：库存商品（账面余额）

应交税费——应交消费税（按计税价计算消费税税额）

企业如果有应缴消费税的委托加工物资，则一般应由委托方代收代缴消费税。委托加工物资收回后，直接用于销售的，应将受托方代收代缴的消费税计入委托加工物资的成本，借记"委托加工物资"等账户，贷记"应付账款""银行存款"等账户；委托加工物资收回后用于连续生产应税消费品，按规定准予抵扣的，应按已由委托方代收代缴的消费税，借记"应交税费——应交消费税"账户，贷记"应付账款""银行存款"等账户，待用委托加工的应税消费品生产出应纳消费税的产品销售时，再缴纳消费税。

课堂训练 3-23 佳成公司委托某量具厂加工一批量具。2021 年 8 月 3 日发出材料一批，材料的实际成本为 70 000 元、加工费为 16 200 元。取得的增值税专用发票上注明的增值税税额为 2 106 元，由量具厂代收代缴的消费税税额为 6 480 元。佳成公司收回由量具厂代加工的量具，该量具已验收入库，加工费尚未支付。佳成公司采用实际成本法进行材料的核算。

（1）如果委托加工物资收回继续用于生产应税消费品

借：委托加工物资   70 000

贷：原材料	70 000
借：委托加工物资	16 200
应交税费——应交增值税（进项税额）	2 106
应交税费——应交消费税	6 480
贷：应付账款	24 786
借：原材料	86 200
贷：委托加工物资	86 200

（2）如果委托加工物资收回直接对外销售

借：委托加工物资	70 000
贷：原材料	70 000
借：委托加工物资	22 680
应交税费——应交增值税（进项税额）	2 106
贷：应付账款	24 786
借：原材料	92 680
贷：委托加工物资	92 680

（六）其他应缴税费

其他应缴税费是指除上述应缴税费以外的其他各种应上缴国家的税费，包括应缴资源税、应缴城市维护建设税、应缴土地增值税、应缴所得税、应缴房产税、应缴土地使用税、应缴车船税、应缴教育费附加、应缴矿产资源补偿费、应缴个人所得税等。企业应当在"应交税费"账户下设置相应的明细账户进行核算，贷方登记应缴纳的有关税费，借方登记已缴纳的有关税费；期末贷方余额，反映企业尚未缴纳的有关税费。

（七）应付职工薪酬的核算

1.职工薪酬的概念

职工薪酬是指企业为获得职工提供的服务或解除劳动关系而给予各种形式的报酬或补偿。职工薪酬包括短期薪酬、离职后福利、辞退福利和其他长期职工福利。企业提供给职工配偶、子女、受赡养人、已故职工遗属及其他受益人等的福利，也属于职工福利。职工薪酬表现为货币性薪酬和非货币性福利。

2.职工薪酬的核算

（1）货币性薪酬

企业应设置"应付职工薪酬"账户，核算应付职工薪酬的提取、核算、使用等情况。该账户贷方登记已分配计入有关成本费用项目的职工薪酬数额，即应付职工薪酬的分配数，借方登记实际支付的各种应付职工薪酬，包括扣还的款项；期末贷方余额反映企业尚未支付的职工薪酬。

<1> 工资、奖金、津贴和补贴

企业应当在职工为其提供服务的会计期间，将实际发生的职工工资、奖金、津贴和补贴等，根据职工所从事工种，确认计入相关成本或费用中，同时确认应付职工薪酬。

其账务处理如下。

借：生产成本（生产车间一线工人薪酬）

制造费用（生产车间管理人员薪酬）

管理费用（行政人员薪酬）

销售费用（销售人员薪酬）

研发支出（从事研发活动人员的薪酬）

在建工程（从事工程建设人员的薪酬）

贷：应付职工薪酬——工资

课堂训练 3-24 2021 年 8 月，佳成公司当月应发工资 1 560 万元。其中，生产部门直接生产人员工资 1 000 万元；生产部门管理人员工资 200 万元；公司管理部门人员工资 360 万元。

借：生产成本　　　　　　　　　　　　　　　　　　10 000 000

制造费用　　　　　　　　　　　　　　　　　　　2 000 000

管理费用　　　　　　　　　　　　　　　　　　　3 600 000

贷：应付职工薪酬——工资　　　　　　　　　　　　15 600 000

<2> 职工福利费

企业应当在实际发生时根据实际发生额，借记"生产成本""制造费用""管理费用""销售费用"等账户，贷记"应付职工薪酬——职工福利费"账户。

课堂训练 3-25 佳成公司下设一所职工食堂，每月根据在岗职工数量及岗位分布情况、相关历史经验数据等计算需要补贴食堂的金额，从而确定企业每期因补贴职工食堂需要承担的福利费金额。2021 年 9 月，企业在岗职工共计 200 人。其中，管理部门 30 人；生产车间生产人员 170 人。每位职工每月需要补贴食堂 150 元。

借：生产成本　　　　　　　　　　　　　　　　　　25 500

管理费用　　　　　　　　　　　　　　　　　　　4 500

贷：应付职工薪酬——职工福利费　　　　　　　　　30 000

2021 年 10 月，乙公司支付 30 000 元补贴给食堂。

借：应付职工薪酬——职工福利费　　　　　　　　　30 000

贷：银行存款　　　　　　　　　　　　　　　　　　30 000

<3> 国家规定计提标准的职工薪酬

对于国家规定了计提基础和计提比例的医疗保险费、工伤保险费等社会保险费和住房公积金，以及按规定提取的工会经费和职工教育经费，应当在职工为其提供服务的会计期间，根据规定的计提基础和计提比例计算确定相应的职工薪酬金额，计入相关成本或费用，同时

确认应付职工薪酬。

课堂训练 3-26 承课堂训练3-24，根据所在地政府的规定，佳成公司分别按照职工工资总额的10%和8%计提医疗保险费和住房公积金，缴纳给当地社会保险经办机构和住房公积金管理机构。另外，佳成公司分别按照职工工资总额的2%和8%计提工会经费及职工教育经费。假定不考虑所得税影响。

借：生产成本［1 000万元×（10%+8%+2%+8%）］		2 800 000
制造费用［200万元×（10%+8%+2%+8%）］		560 000
管理费用［360万元×（10%+8%+2%+8%）］		1 008 000
贷：应付职工薪酬——医疗保险费		1 560 000
应付职工薪酬——住房公积金		1 248 000
应付职工薪酬——工会经费		312 000
应付职工薪酬——职工教育经费		1 248 000

（2）非货币性福利

企业向职工提供非货币性福利的，应当按照公允价值计量。公允价值不能可靠取得的，可以采用成本计量。

① 企业以其自产产品作为非货币性福利发放给职工的，应当根据受益对象，按照该产品的公允价值，计入相关资产成本或当期损益，同时确认应付职工薪酬。难以认定受益对象的非货币性福利，直接计入当期损益。

<1> 计提时

借：管理费用等

　　贷：应付职工薪酬——非货币性职工福利

<2> 福利发放时

借：应付职工薪酬——非货币性职工福利

　　贷：主营业务收入

　　　　应交税费——应交增值税（销项税额）

同时结转成本，

借：主营业务成本

　　存货跌价准备

　　贷：库存商品

② 企业将拥有的房屋等资产无偿提供给职工使用的，应当根据受益对象，将该住房每期应计提的折旧计入相关资产成本或当期损益，同时确认应付职工薪酬。租赁住房等资产供职工无偿使用的，应当根据受益对象，将每期应付的租金计入相关资产成本或当期损益，并确认应付职工薪酬。

课堂训练 3－27 佳成公司为增值税一般纳税人。2021 年年末，将本企业生产的一批饮料发放给生产工人作为福利。该饮料市场售价为 12 万元（不含增值税），适用的增值税税率为 13%，实际成本为 10 万元。假定不考虑其他因素。

计入应付职工薪酬的金额 =12×1.13=13.56（万元）

（1）计提非货币性福利时

借：生产成本   135 600

    贷：应付职工薪酬——非货币性职工福利   135 600

（2）发放非货币性福利时

借：应付职工薪酬——非货币性职工福利   135 600

    贷：主营业务收入   120 000

        应交税费——应交增值税（销项税额）   15 600

借：主营业务成本   100 000

    贷：库存商品   100 000

③ 离职后福利。离职后福利包括设定提存计划、设定受益计划。对于设定提存计划，企业应当根据在资产负债表日为换取职工在会计期间提供的服务而应向单独主体缴存的提存金，确认为应付职工薪酬负债，并计入当期损益或相关资产成本，借记"生产成本""制造费用""管理费用""销售费用"等账户，贷记"应付职工薪酬——设定提存计划"账户。

④ 辞退福利的核算。辞退福利的内容包括：

● 在职工劳动合同尚未到期前，不论职工本人是否愿意，企业决定解除与职工的劳动关系而给予的补偿。

● 在职工劳动合同尚未到期前，为鼓励职工自愿接受裁减而给予的补偿。职工有权利选择继续在职或接受补偿离职。

辞退福利的账务处理如下。

借：管理费用

    贷：应付职工薪酬

（八）个人所得税的计算

居民个人从中国境内和境外取得的所得，应当缴纳个人所得税。各项个人所得包括综合所得，经营所得，利息、股息、红利所得，财产租赁所得，财产转让所得，偶然所得。

企业作为个人所得税的扣缴义务人，按照规定扣缴职工应缴纳的个人所得税。扣缴义务人向个人支付应纳税所得（包括现金、实物和有价证券）时，不论纳税人是否属于本单位人员，均应代扣代缴其应缴纳的个人所得税。

代扣个人所得税时的账务处理如下。

借：应付职工薪酬

    贷：应交税费——应交个人所得税

课堂训练 3-28 佳成公司职工赵某，2021 年 8 月取得工资薪金收入 20 000 元，个人缴纳的三险一金合计为 4 500 元。赵某为独生子，父母现年 65 岁，育有一子现年 5 岁；名下无房，现租房居住，夫妻约定子女教育和住房租金全部由赵某扣除。赵某取得的工资薪金所得应预扣预缴税款 180 元，由公司予以扣缴。

（1）公司予以扣缴赵某的个人所得税

借：应付职工薪酬——工资　　　　　　　　　　　　　　　　20 000

　　贷：库存现金　　　　　　　　　　　　　　　　　　　　　　19 820

　　　　应交税费——应交个人所得税　　　　　　　　　　　　　　180

（2）缴纳个人所得税

借：应交税费——应交个人所得税　　　　　　　　　　　　　　180

　　贷：银行存款　　　　　　　　　　　　　　　　　　　　　　180

三、任务实施

（一）业务流程

业务流程如图 3-5 所示。

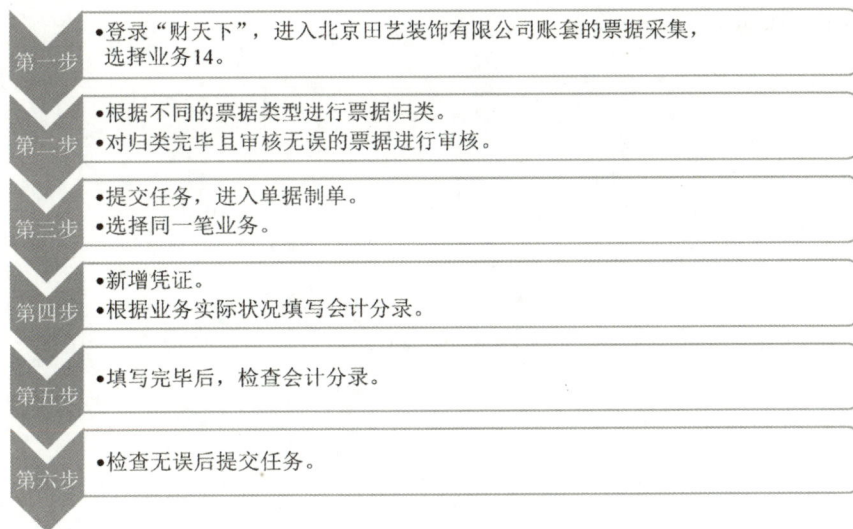

第一步
- 登录"财天下"，进入北京田艺装饰有限公司账套的票据采集，选择业务14。

第二步
- 根据不同的票据类型进行票据归类。
- 对归类完毕且审核无误的票据进行审核。

第三步
- 提交任务，进入单据制单。
- 选择同一笔业务。

第四步
- 新增凭证。
- 根据业务实际状况填写会计分录。

第五步
- 填写完毕后，检查会计分录。

第六步
- 检查无误后提交任务。

图 3-5　业务流程

（二）任务操作

任务操作图解　　　任务操作视频

四、任务评价

根据任务要求实施并完成任务后，请填写任务评价表，如表 3-5 所示。

表 3-5 任务评价表

序 号	任务清单	分值 / 分	完成度	得分 / 分
1	掌握应缴税费的相关税种业务的核算	30		
2	掌握应付账款、应付票据、其他应付款的核算	40		
3	掌握应付职工薪酬的相关核算	20		
4	掌握个人所得税的核算	10		
	合 计	100		

五、任务练习

任务练习与解答

单元四

生产业务核算

↘ 思政目标

1. 树立正确的价值观、人生观。

2. 树立正确的理财观。

3. 培养学生勤俭节约的美德。

↘ 知识目标

1. 理解成本的内涵和选择费用分配标准时应遵循的原则。

2. 掌握各要素及辅助生产费用的分配方法。

3. 掌握制造费用及生产成本业务的核算。

4. 掌握委托加工物资的核算。

↘ 技能目标

1. 能够对不同生产要素进行归集和分配，进行账务处理。

2. 能够使用不同方法对辅助生产费用进行归集和分配，编制费用分配表。

3. 能够结合不同成本核算方法对委托加工物资进行账务处理。

任务一 要素费用归集和分配

一、任务情境

（一）任务场景

佳成公司以生产经营为主，为一般纳税人，有一个基本生产车间和一个辅助生产车间。其中，基本生产车间生产甲、乙两种产品；辅助生产车间为供水车间。材料耗用情况为：一月份生产甲、乙两种产品，共耗用材料 5 000 千克，每千克 10 元，共计 50 000 万元。一月份生产甲产品 100 件，单件甲产品材料消耗定额为 20 千克；生产乙产品 80 件，单件乙产品材料消耗定额为 10 千克。耗电情况为：一月份耗电 50 200 度，每度电 0.5 元。直接用于产品生产耗电 40 000 度，金额 2 000 元，按照机器工时比例分配：甲产品机器工时为 5 000 小时；乙产品机器工时为 3 000 小时。工资费用情况为：一月份生产工人计件工资为甲产品 20 000 元，乙产品 10 000 元；甲、乙产品计时工资共计 80 000 元。甲产品生产工时为 5 000 小时；乙产品生产工时为 3 000 小时。

（二）任务布置

对佳成公司相关材料、动力、人工工资等进行费用分配并做账务处理。

二、知识准备

（一）成本核算的基本要求

1. 算管结合，算为管用

成本核算应当与加强企业经营管理相结合，所提供的成本信息应当满足企业经营管理和决策的需要。

2. 正确划分各种费用界限

第一，正确划分应否计入产品成本、期间费用的界限。凡不属于企业日常生产经营方面的支出均不得计入产品成本或期间费用，即不得多计成本；凡属于企业日常生产经营方面的支出均应全部计入产品成本或期间费用，即不得遗漏。第二，正确划分生产费用和期间费用的界限。用于产品生产的费用形成产品成本，并在产品销售后作为产品销售成本计入企业损益；当月发生的销售费用、管理费用和财务费用，则是作为期间费用，直接计入当月损益。第三，正确划分各月份的费用界限。在权责发生制下，以收入的权利和支付的义务是否归属于本期收入与费用为标准，正确确定财产物资的计价和价值结转方法，属于本期实现的收入作为本期收入，属于本期发生的费用作为本期费用。第四，正确划分各种产品的费用界限。凡属于某种产品单独发生，能够直接计入该种产品的费用，均应直接计入该种产品成本；凡属于几种产品共同发生，不能直接计入某种产品的费用，则分配计入这几种产品的成本。第五，正确划分完工产品和在产品的费用界限。对于产品均未完工的情况，各项生产费用之和就是这种产品的月末在产品成本；对于产品全部完工的情况，各项生产费用之和就是这种产品的完工产品成本；对于部分产品完工的情况，应按适当方法进行分配，分别计算完工产品和在产品成本。

3. 正确确定财产物资的计价和价值结转方法

对各种财产物资的计价和价值结转，应采用既合理又简便的方法。国家有统一规定的，应采用国家统一规定的方法。各种方法一经确定，就应保持相对稳定，不能随意改变。

4. 做好各项基础工作

一是建立和健全原始记录工作；二是做好定额的制定和修订工作；三是建立和健全材料

物资的计量、收发、领退和盘点制度；四是做好厂内计划价格的制定和修订工作。

5. 按照生产特点和管理要求，采用适当的成本计算方法

产品的生产工艺过程和生产组织不同，所采用的产品成本计算方法也应该有所不同——应根据管理要求的不同，采用不同的产品成本计算方法。

（二）生产过程的费用要素

1. 要素费用的分配程序

一是根据原始凭证，编制费用分配表或费用汇总分配表；二是根据原始凭证或费用分配表编制记账凭证；三是根据原始凭证或记账凭证登记各种成本明细账；四是根据选定的账务处理程序要求登记成本类总账。

2. 要素费用的分类

费用按经济内容分为劳动对象方面的费用、劳动手段方面的费用、活劳动方面的费用。为了具体反映各种费用的构成和水平，在此基础上，将其进一步划分为7个费用要素：外购材料、外购燃料、外购动力、职工薪酬、折旧费、利息支出、其他支出。

① 费用按经济用途分为生产成本和期间费用。生产成本包含直接材料、直接燃料和动力、直接人工、直接费用；期间费用包括销售费用、管理费用、财务费用。

② 费用按与生产工艺的关系可分为直接生产费用和间接生产费用。直接生产费用是指由生产工艺本身引起的、直接用于产品生产的各项费用；间接生产费用是指与生产工艺没有联系、间接用于产品生产的各项费用。

③ 费用按计入产品成本的方法可以分为直接（计入）费用和间接（计入）费用。直接（计入）费用是指可以分清哪种产品所耗用，可以直接计入某种产品成本的费用；间接（计入）费用是指不能分清哪种产品所耗用，不能直接计入某种产品成本，而必须按照一定标准分配计入某种产品成本的费用。

3. 材料费用的归集与分配

① 材料费用包括企业在生产经营过程中实际消耗的各种原料及主要材料、辅助材料、外购半成品、修理用备件配件、燃料、包装物和低值易耗品等的费用。

② 材料费用分为原料及主要材料、辅助材料、修理用备件、包装物、低值易耗品。

③ 材料的计价方法有两种：一是按照计划成本计价；二是按照实际成本计价。

④ 材料的盘存方法有永续盘存制（账面盘存制）和实地盘存制（定期盘存制）。

⑤ 材料费用的分配原则。对于直接用于产品生产、构成产品实体的材料费用，按照产品品种（或成本计算对象）分别领用的，直接记入各种产品成本明细账的"直接材料"成本项目；不能分别领用，而是几种产品共同耗用的，采用适当的分配方法分配记入各种产品成本明细账的"直接材料"成本项目。基本生产耗用的材料计入基本生产成本；辅助生产耗用的材料计入辅助生产成本；各车间耗用的材料计入制造费用；管理部门耗用的材料计入管理

费用。

⑥ 材料费用的分配程序。首先，选择一定的分配标准；其次，计算分配率，分配率 = 材料费用总额 ÷ 各产品的分配标准之和；最后，计算产品应负担的材料费用，某种产品应负担的材料费用 = 该种产品的分配标准 × 分配率。

⑦ 材料费用的分配方法。

● 材料定额消耗量比例分配法以定额消耗量作为材料费用的分配标准。

$$材料定额消耗量 = 该产品实际产量 × 单位产品材料消耗定额$$

$$材料费用分配率 = 材料实际耗用总量 × 材料单价 ÷ 各种产品材料定额消耗量之和 × 100\%$$

$$应分配的材料费用 = 该产品材料定额消耗量 × 材料费用分配率$$

● 材料定额费用比例分配法是指材料费用按照产品材料定额费用的比例分配原材料费用。

$$材料定额费用 = 该产品实际产量 × 单位产品材料费用定额$$

$$= 该产品实际产量 × 单位产品材料消耗定额 × 材料单价$$

$$= 该产品定额消耗量 × 材料单价$$

$$材料费用分配率 = 各种产品材料实际费用总额 ÷ 各种产品材料定额费用之和 × 100\%$$

$$应分配的材料费用 = 该产品材料定额费用 × 材料费用分配率$$

⑧ 企业在生产过程中耗用的各种材料，应根据审核无误的领、退料凭证进行账务处理。

● 直接用于产品生产的各种材料费用，记入"基本生产成本"账户。

● 用于辅助生产的材料费用，记入"辅助生产成本"账户。

● 用于基本生产车间管理的材料费用，记入"制造费用"账户。

● 用于厂部组织和管理生产经营活动等方面的材料费用，记入"管理费用"账户。

● 用于产品销售的材料费用，记入"销售费用"账户。

4. 燃料费用的归集和分配

燃料费用主要是指从企业外部购入或企业辅助生产部门提供的燃料动力费用。

（1）燃料费用分配的程序和方法

① 在燃料费用占产品成本比重较小的情况下，在产品成本明细账中无须单独设置"直接燃料及动力"明细账户，将燃料费用直接记入"原材料"账户中的"直接材料"明细账户；存货核算中的"燃料"可作为"原材料"账户的二级账户进行核算。

② 在燃料费用占产品成本比重较大的情况下，在产品成本明细账中应单独设置"直接燃料及动力"明细账户；存货核算应增设"燃料"一级账户，燃料费用分配表应单独编制。

（2）燃料费用分配的账务处理

① 直接用于产品生产的燃料费用记入"基本生产成本"账户的借方。

② 车间管理消耗的燃料费用记入"制造费用"账户的借方。

③ 辅助生产消耗的燃料费用记入"辅助生产成本"账户的借方。

④ 厂部进行生产经营管理消耗的燃料费用记入"管理费用"账户的借方。

⑤进行产品销售消耗的燃料费用记入"销售费用"账户的借方。

5.外购动力费用的归集和分配

外购动力费用是指企业从外部购买的各种动力，如电力、热力等所支付的费用。其原始记录主要包括外来账单和发票，内部消耗通常采用仪器或仪表记录，一般按照外来发票或账单上注明的金额进行计价。

（1）外购动力费用的分配方法

①在有仪表记录的情况下，应根据仪表所显示的耗用量及动力的单价计算。

②在没有仪表记录的情况下，可以按照生产工时比例、机器工时比例或定额耗用量等标准进行分配。其计算公式为：

$$动力费用分配率＝车间动力费用总额÷各种产品动力费用分配标准之和×100\%$$

$$应负担的动力费用＝该产品动力费用分配标准×动力费用分配率$$

（2）外购动力费用分配的账务处理

①直接用于产品生产的动力费用，借记"基本生产成本"总账账户及所属产品成本明细账"直接燃料和动力"明细账户。

②直接用于辅助生产的动力费用，借记"辅助生产成本"总账账户及所属明细账的"直接燃料和动力"明细账户。

③直接用于产品生产和辅助生产的动力费用，但未专设"直接燃料和动力"明细账户，或者间接用于产品生产和辅助生产的动力费用，借记"制造费用"账户及其所属明细账的有关费用明细账户。

④用于组织和管理企业生产经营活动的动力费用，借记"管理费用"账户及其所属明细账的有关费用明细账户。

⑤用于销售产品的动力费用等，应借记"销售费用"账户及其所属明细账的有关费用明细账户。

6.人工费用的归集和分配

人工费用作为产品成本的重要构成内容，是企业根据有关规定应付给职工的各种薪酬，通常表现为职工应付工资总额及按应付工资总额一定比例提取的各种附加费用。

①人工费用分为职工工资、奖金、津贴和补贴；职工福利费；社会保险费；住房公积金；工会经费和职工教育经费；非货币性福利；辞退福利；股利支付。

②应付工资的原始记录包括考勤记录、工资卡、产量记录。

③应付工资的计算方式有计时工资和计件工资。

<1> 计时工资形式下工资的分配

缺勤法下应付计时工资的计算公式为：

$$应付工资＝月标准工资－事假天数×日工资率－病假天数×日工资率×病假扣款率$$

出勤法下应付计时工资的计算公式为：

$$应付工资 = 出勤天数 \times 日工资率 + 病假天数 \times 日工资率 \times（1 - 病假扣款率）$$

<2> 计件工资形式下工资的分配

$$应付计件工资 = \sum（合格品数量 + 废品数量）\times 该种产品的计件单价$$

废品有工废品和料废品两种，计算工资时料废品要支付工资，而工废品则不再支付工资。公式中产品的计件单价是根据工人生产单位产品的工时定额乘以该级别工人的小时工资率得出的。

④ 奖金、津贴和补贴及加班加点工资费用的分配。

其计算公式为：

$$应付职工薪酬 = 应付计件工资 + 应付计时工资 + 奖金 + 津贴补贴 + 加班加点工资 +$$
$$特殊情况下支付的工资$$

$$实发工资 = 应付职工薪酬 - 代扣款项$$

式中，代扣款项是指由个人承担的养老保险、医疗保险、失业保险、住房公积金和个人所得税税额等。

⑤ 人工费用分配的账务处理。

● 直接进行产品生产的生产工人的工资应记入"生产成本"账户。

● 生产车间管理人员和技术人员的工资应记入"制造费用"账户。

● 其他各部门人员的工资分别记入"销售费用""管理费用"等相关账户。

相关的账务处理如下。

借：基本生产成本

  辅助生产成本

  制造费用

  管理费用

  销售费用

  贷：应付职工薪酬

三、任务实施

四、任务评价

任务操作详解

根据任务要求实施并完成任务后，请填写任务评价表，如表 4-1 所示。

表 4-1　任务评价表

序　号	任务清单	分值 / 分	完成度	得分 / 分
1	了解成本核算基本要求	10		
2	了解费用要素的分类	10		

（续表）

序　号	任务清单	分值／分	完成度	得分／分
3	掌握材料费用的归集和分配	20		
4	掌握燃料费用的归集和分配	20		
5	掌握外购动力费用的归集和分配	20		
6	掌握人工费用的归集和分配	20		
合　计		100		

五、任务练习

任务练习与解答

任务二　综合费用归集和分配

一、任务情境

（一）任务场景

天津福顺有限责任公司有供水和供电两个辅助生产车间、一个基本生产车间（生产 A 产品）。其辅助生产车间规模较小，不设"制造费用"明细账，辅助生产成本明细账如表 4-2 和表 4-3 所示。

表 4-2　供电车间辅助生产成本明细账

2021 年 1 月　　　　　　　　　　　　　　　　　　　　　　元

摘　要	材料	低值易耗品摊销	职工薪酬	办公费	其　他	合　计	转　出
材料费用分配表	6 000					6 000	
低值易耗品摊销		2 000				2 000	
职工薪酬分配表			30 000			30 000	
办公室费用支出				5 000	2 000	7 000	
辅助生产成本（直接分配法）							45 000
合　计	6 000	2 000	30 000	5 000	2 000	45 000	45 000

表 4-3　供水车间辅助生产成本明细账

2021 年 1 月　　　　　　　　　　　　　　　　　　　　　　元

摘　要	材料	低值易耗品摊销	职工薪酬	办公费	其　他	合　计	转　出
材料费用分配表	5 000					5 000	
低值易耗品摊销		3 000				3 000	

（续表）

摘　要	材料	低值易耗品摊销	职工薪酬	办公费	其　他	合　计	转　出
职工薪酬分配表			20 000			20 000	
办公室费用支出				4 000	2 000	6 000	
辅助生产成本（直接分配法）							34 000
合　计	5 000	3 000	20 000	4 000	2 000	34 000	34 000

根据辅助生产车间明细账资料，本月供电车间发生费用为 45 000 元、供水车间发生费用为 34 000 元。辅助生产车间供应表如表4-4所示。

表4-4　辅助生产车间供应表

受益单位		耗水／立方米	耗电／度
基本生产——A产品			66 000
基本生产车间		13 000	18 000
辅助生产车间	供电	3 000	
	供水		10 000
行政管理部门		3 000	4 000
专设销售机构		1 000	2 000
合　计		20 000	100 000

（二）任务布置

根据天津福顺有限责任公司相关辅助生产成本明细账及供应表，分别采用直接分配法、交互分配法、代数分配法、顺序分配法、计划成本分配法对辅助生产费用进行归集分配。

二、知识准备

（一）辅助生产费用概述

① 辅助生产费用是指辅助生产车间为生产产品或提供劳务而发生的材料费、人工费用、动力费用及辅助生产车间的制造费用。

② 辅助生产费用通过"辅助生产成本"账户归集和分配。为了反映各个辅助生产车间的费用发生情况，在"辅助生产成本"账户下，按不同的辅助生产车间分户，进行辅助生产的明细分类核算。一般按车间及产品和劳务的种类设置明细账户，账户内按费用项目设置明细账户进行明细核算。

（二）辅助生产费用的分配

① 分配原则。辅助生产费用的分配是通过编制辅助生产费用分配表进行的。按照受益原则，将辅助生产车间为提供产品或提供劳务而发生的消耗转嫁给使用产品或接受劳务的其

他部门，即为本车间的消耗找到"买单者"，"谁受益、谁承担"。

②　分配方法。辅助生产费用的分配方法有直接分配法、交互分配法、代数分配法、顺序分配法、计划成本分配法。

（三）直接分配法

直接分配法是不考虑各辅助生产车间之间相互提供劳务的情况，而将各种辅助生产费用直接分配给辅助生产车间以外的各受益单位的一种分配方法。在该方法下，辅助生产车间之间相互提供产品或劳务成本互不分配，即既不转出，也不转入。这相当于忽略各辅助生产车间之间的业务往来，会给计算带来极大的便利。其优点在于核算简便；缺点表现在计算结果不够准确，不适用于交互费用额较大的企业。直接分配法的计算方法如下。

第 1 步　计算辅助生产车间对外分配费用的费用分配率。

$$费用分配率（单位成本）=某辅助生产车间待分配费用÷$$
$$该辅助生产车间提供给辅助生产车间以外受益对象的劳务总量$$

第 2 步　对外分配辅助费用。

$$受益对象应负担的费用=该受益对象接受的劳务供应总量×费用分配率$$

（四）交互分配法

交互分配法是指将辅助生产车间的费用先在辅助生产车间之间进行交互分配（又叫对内分配），再将交互分配后的总费用分配给辅助生产车间以外的受益对象（又叫对外分配）。在该方法下，先对内再对外分配，实现辅助生产车间的分配工作。交互分配法的优点在于较直接分配法的计算结果准确；缺点表现在计算烦琐，较代数分配法结果仍不够准确。交互分配法的计算方法如下。

第 1 步　交互对内分配。

$$辅助生产成本分配率=该辅助生产车间待分配成本总额÷$$
$$该辅助生产车间提供的受益量总和$$
$$辅助生产车间应负担的其他辅助生产车间成本=该辅助生产车间的受益量×$$
$$辅助生产成本分配率$$
$$辅助生产车间交互分配后的成本总额=分配前总额-分给其他辅助生产车间的成本额+$$
$$分得的辅助生产成本额$$

第 2 步　一次对外分配。

$$辅助生产成本分配率=该辅助生产车间交互分配后的成本总额÷$$
$$辅助生产车间以外的受益对象接受的受益量总和$$
$$受益部门应负担的辅助生产成本=该受益部门的受益量×辅助生产成本分配率$$

（五）代数分配法

代数分配法是通过建立多元一次联立方程组并求解的方法来取得各种辅助生产产品或劳

务的单位成本,进而进行辅助生产费用分配的一种方法。在该方法下,首先应用联立方程组计算各种辅助生产产品的单位成本,然后同时向辅助生产内部和外部各受益对象一次进行分配。其优点在于核算的结果最为准确;缺点则表现在计算烦琐,不适合较多辅助生产车间的同时核算。代数分配法的计算方法如下。

第 1 步　设辅助生产单位成本为未知数,并根据辅助生产车间之间的交互服务关系建立方程组。解方程组,算出各种产品或劳务的单位成本。

第 2 步　用辅助生产产品单位成本乘以各受益部门的耗用量,求出各受益部门应承担的辅助产品成本费用。

(六)顺序分配法

顺序分配法是在各辅助生产车间分配费用时,按照各辅助生产车间相互提供费用的多少来排列顺序:受益少的排在前面,先将费用分配出去;受益多的排在后面,后分配费用。各辅助生产车间相互受益程度有明显顺序时适用于顺序分配法。顺序分配法的计算方法如下。

第 1 步　各辅助生产车间按受益由少到多的顺序排列。

第 2 步　排在前面的车间先将费用分配出去,不承担后面车间的费用。

第 3 步　排在后面的车间后将费用分配出去,要承担前面车间的费用。

(七)计划成本分配法

计划成本分配法是辅助生产车间生产的产品或劳务按照计划单位成本计算、分配辅助生产费用的方法。首先,按辅助生产产品或劳务的计划成本向包括其他辅助生产车间在内的各受益对象分配各种辅助生产费用;其次,将成本差异追加分配或全部计入管理费用。计划成本分配法是根据两车间的计划单价先行分配,在月末该车间借方费用归集工作结束后,再将借贷双方的差额进行一次性处理。其优点在于计算便捷、有效率,且便于明确责任关系;缺点表现在计划单价的采集及对较大差额的不谨慎处理。

计划成本分配法的计算方法如下。

第 1 步　分配计划成本 = 实际耗用量 × 计划单位成本

第 2 步　辅助生产车间实际成本 = 实际发生额 + 分得的计划成本

第 3 步　差异 = 实际成本 - 计划成本

(八)制造费用的归集与分配

1. 制造费用的含义

制造费用是指企业为生产产品(或提供劳务)而发生的、应计入产品成本但没有专设成本账户的各项费用。其特点是:制造费用一定发生在生产车间;制造费用的多少与产品产量没有直接关系;制造费用的最终归宿仍然是生产成本。

2. 制造费用核算内容

制造费用的核算内容如表 4-5 所示。

表 4-5　制造费用核算内容

制造费用核算的内容	举　例
间接用于产品生产的费用	机物料消耗、车间辅助人员的职工薪酬，以及车间厂房的折旧费等
直接用于产品生产，但未专设成本项目的费用	机器设备的折旧费、设计制图费、试验检验费、生产工具摊销、生产工艺用动力等
车间、分厂用于组织和管理生产的费用	车间管理人员职工薪酬、车间管理用房屋及建筑物的折旧费、车间照明费、水费、取暖费、差旅费和办公费等

3. 制造费用的归集

制造费用的核算是通过"制造费用"账户进行的。该账户应按车间（基本生产车间、辅助生产车间）设置明细账户，账户内按照费用项目设置明细账户，分别反映各车间各项制造费用的支出情况。其账务处理如下。

借：制造费用

　　贷：原材料 / 应付职工薪酬 / 累计折旧

　　　　银行存款等

4. 制造费用的分配

制造费用的分配就是将登记在"制造费用"账户的借方费用支出采用适当的分配方法转入"生产成本"账户。如果该车间只生产一种产品，则制造费用无须分配；如果同时生产多种产品，就需要采用一定的分配方法，先分配再转出。

（1）生产工时比例法

生产工时比例法是按照各种产品所用生产工人工时的比例分配制造费用的一种方法。

采用生产时工时比例法，工时资料易于取得，因而被广泛应用。该方法能够将劳动生产率的高低与产品负担费用的多少联系起来，所以分配结果较为合理，适用于产品生产的机械化程度不高的企业。其计算公式为：

$$制造费用分配率 = 制造费用总额 \div 各产品生产工时之和$$

$$产品应分配的制造费用 = 该产品生产工时 \times 制造费用分配率$$

（2）生产工人工资比例法

生产工人工资比例法是以各种产品的生产工人工资的比例分配制造费用的一种方法。它与生产工时比例法的原理基本相同。采用生产工人工资比例法，资料容易取得，核算比较简便，适用于各种产品生产机械化程度大致相同的情况。其计算公式为：

$$制造费用分配率 = 制造费用总额 \div 各产品生产工人工资之和$$

$$产品应分配的制造费用 = 该产品生产工人工资 \times 制造费用分配率$$

（3）机器工时比例法

机器工时比例法是按照各种产品所用机器运转时间的比例分配制造费用的一种方法。为提高分配结果的准确性，机器工时比例法将机器设备划分为若干类别，分类归集和分配制造费用。它适用于机械化程度较高的车间。其计算公式为：

制造费用分配率＝制造费用总额÷各种产品机器工时之和

产品应分配的制造费用＝该产品的机器工时×制造费用分配率

（4）按年度计划分配率分配法

按年度计划分配率分配法是按照年度开始前确定的全年适用的计划分配率分配费用的方法，每月各种产品成本中的制造费用都按年度计划确定的计划分配率分配。如果全年制造费用的实际数和产品的实际产量与计划数产生较大的差额，则应及时调整计划分配率。该方法特别适用于季节性生产的车间，但要求计划工作的水平较高。其计算公式为：

年度制造费用计划分配率＝年度制造费用计划总额÷年度各种产品计划产量定额工时之和

某月某种产品应分配的制造费用＝该种产品实际产量定额工时数×年度制造费用计划分配率

三、任务实施

四、任务评价

任务操作详解

根据任务要求实施并完成任务后，请填写任务评价表，如表4-6所示。

表4-6　任务评价表

序　号	任务清单	分值/分	完成度	得分/分
1	了解辅助生产费用分配原则	10		
2	掌握直接分配法对辅助生产费用的归集和分配	15		
3	掌握交互分配法对辅助生产费用的归集和分配	15		
4	掌握代数分配法对辅助生产费用的归集和分配	15		
5	掌握顺序分配法对辅助生产费用的归集和分配	15		
6	掌握计划成本分配法对辅助生产费用的归集和分配	15		
7	掌握制造费用归集和分配的方法	15		
	合　计	100		

五、任务练习

任务练习与解答

任务三　完工产品成本计算和结转

一、任务情境

（一）任务场景

上海永诚有限责任公司以生产经营为主。该公司为增值税一般纳税人，主要生产生产甲、乙两种产品。因为甲产品在产品成本中所占比重较大，所以上海永诚有限责任公司的甲产品完工产品和在产品之间的费用分配采用直接材料费用计价法；乙产品的产品成本中直接材料费用和加工费用比重相差不大，所以乙产品采用约当产量比例法分配完工产品和在产品之间的费用。

（二）任务布置

分别分配甲产品、乙产品完工产品和月末在产品的相关费用。

二、知识准备

（一）在产品核算概述

1. 在产品的含义

① 广义的在产品是指没有完成全部生产过程、不能作为商品销售的产品，包括正在车间加工的产品、需要继续加工的半成品、等待验收入库的产品、正在返修和等待返修的废品等。

② 狭义的在产品是针对某车间或某生产步骤而言的，只包括本车间或本生产步骤正在加工中的那部分产品，不包括已完工的半成品。

2. 在产品的核算

期末在产品的成本按照如下等式进行核算。

期初在产品成本＋本期生产费用＝本期完工产品成本＋期末在产品成本

在产品核算时有两种方式：第一种是先确定月末在产品成本，再确定完工产品成本；第二种是同时确定完工产品成本与月末在产品成本。

在产品数量的核算途径通过两种渠道完成：一是账面核算，即在产品收发结存账；二是实物核算，即实地盘点法。在产品收发结存的日常核算通常通过在产品收发结存账（在产品台账）进行，该账按车间及产品品种和在产品的名称（零部件名称）设置。

3. 在产品清查的核算

在产品应定期或不定期地进行清查，并对在产品盘盈、盘亏进行相应的账务处理。企业发生的非正常损失的在产品所耗用的购进货物或应税劳务的进项税额不得从进项税额中扣除。因此，非正常损失的在产品的价值应该包括其成本和应负担的进项税额部分。其中，非正常损失是指因管理不善造成被盗、丢失、霉烂变质的损失，以及被执法部门依法没收或强令自行销毁的货物，不包括自然灾害损失。在产品的数量核算有以下几种方法。

① 直接材料费用计价法。

② 约当产量比例法。

③ 定额成本计价法。

④ 定额比例法。

（二）直接材料费用计价法

直接材料费用计价法是在产品成本只计算所耗用的材料费用，不计算直接人工、制造费用等加工费用，其他费用全部由当月完工产品成本负担的方法。其特点是：在确定月末在产品成本时，只计算在产品所消耗的材料费用，使人工费用与制造费用全部由当期完工产品负担。这种方法适用于各月在产品数量多、在产品数量变化较大，且材料费用在在产品成本中所占比重较大的产品。其计算公式如下。

① 将材料费用在完工产品和在产品之间进行分配。

$$材料费用分配率 =（月初材料费用 + 本月材料费用）÷$$
$$（完工产品产量 + 在产品产量）$$
$$材料成本 = 完工产品产量 × 材料费用分配率$$
$$在产品材料成本 = 在产品产量 × 材料费用分配率$$

② 计算月末在产品成本。

$$月末在产品成本 = 月末在产品应负担的材料成本$$

③ 计算月末完工产品成本。

$$完工产品成本 = 完工产品材料成本 + 本月全部加工费用$$

（三）约当产量比例法

约当产量比例法是将月末在产品的数量按其完工程度折算为相当于完工产品的数量，即约当产量，并将本期产品生产费用按照完工产品数量和月末在产品的约当产量比例进行分配，计算出完工产品成本和月末在产品成本的方法。该方法将期初结存在产品成本与本期发生的产品成本之和，按完工产品数量与月末在产品约当产量的比例进行分配，以计算完工产品成本和月末在产品成本——分配时按成本项目进行。它适用于月末在产品数量较大，各月末在产品数量变化也较大，产品成本中材料费用和人工及制造费用的比重相差不大的产品。

1. 计算方法

（1）计算公式

$$月末在产品约当产量 = 月末在产品数量 × 在产品完工程度（完工率或投料率）$$
$$单位成本 =（期初在产品成本 + 本月生产成本）÷（本月完工产品数量 +$$
$$月末在产品约当产量）$$
$$完工产品成本 = 本月完工产量 × 单位成本$$
$$月末在产品成本 = 月末在产品约当产量 × 单位成本$$
$$= 期初在产品成本 + 本月生产成本 - 在产品成本$$

（2）在产品完工程度的测定和约当产量的计算

一是直接材料费用根据投料率的测定进行约当产量的计算，分为直接材料一次性投入和直接材料陆续投入两种情况；二是加工费用根据完工率的测定进行约当产量的计算，分为平均计算法和各工序分别测定完工率法两种方法。

<1> 直接材料费用的分配计算

① 直接材料一次性投入时，在产品的投料率按 100% 确定。

② 直接材料陆续投入时，按工序分别确定各工序在产品的投料率。

● 投料程度与加工进度完全（基本）一致的情况下，各工序投料率可以采用分配加工费用的完工率。

● 投料程度与加工进度不一致的情况下，以各工序直接材料消耗定额为依据，各工序投料率按完成本工序投料的 50% 折算。

● 直接材料在每一道工序开始时一次性投入的情况下，以各工序直接材料消耗定额为依据，各工序投料率按完成本工序投料的 100% 折算。

<2> 加工费用的分配计算

① 在平均计算法下，一律按 50% 作为在产品的完工率。此方法适用于各工序在产品数量和单位产品在各工序的加工量都相差不多的情况。

② 在各工序分别测定完工率法下，在确定各工序在产品完工率时，一般以各工序工时定额为依据，完工率按完成本工序工时的 50% 折算。其计算公式为：

在产品完工率 =（前面各工序工时定额之和 + 本工序工时定额 ×50%）÷

产品工时定额

（3）费用的具体分配方法

费用分配率 = 该项费用总额 ÷（完工产品产量 + 在产品约当产量）

完工产品该项费用 = 完工产品数量 × 费用分配率

在产品该项费用 = 在产品约当产量 × 费用分配率

= 该项费用总额 − 完工产品该项费用

（四）定额成本计价法

定额成本计价法是按照月末在产品数量和预先制定的定额成本计算月末在产品成本，再从该种产品全部生产成本（月初在产品成本加本月生产成本）中减去月末在产品定额成本，从而得到完工产品成本的方法。这种方法适用于各项消耗定额或费用定额比较准确、稳定，各月末在产品数量变化不大的产品。其计算公式为：

在产品定额成本 = 在产品直接材料定额成本 + 在产品直接人工定额成本 +

在产品制造费用定额成本

在产品直接材料定额成本 = 在产品实际数量 × 单位在产品材料消耗定额 × 直接材料单价

在产品直接人工定额成本 = 在产品实际数量 × 单位在产品工时定额 × 计划小时工资率

在产品制造费用定额成本 = 在产品实际数量 × 单位在产品工时定额 × 计划小时费用率

（五）定额比例法

定额比例法是将归集的生产费用按照完工产品和在产品的定额耗用量、定额费用或定额工时等比例进行分配的方法。该方法的特点是完工产品和月末在产品的成本计算按照产品成本占完工产品及月末在产品的定额消耗量或定额费用的比例来分配求得，而且在计算时也是分成本项目进行的。其适用于各项消耗定额或费用定额比较准确、稳定，但各月末在产品数量变动较大的产品。定额比例法克服了定额成本计价法中将在产品实际成本和定额成本之间的差额计入完工产品成本的缺点，但也造成了可能使完工产品成本计算不够准确的问题。

1. 计算方法

第 1 步　分配材料费用。

$$材料费用分配率=\frac{待分配的材料费用}{完工产品材料定额耗用量（定额费用）+月末在产品材料定额耗用量（定额费用）}$$

$$完工产品负担材料费用=完工产品材料定额耗用量（定额费用）×材料费用分配率$$

$$月末在产品负担材料费用=月末在产品材料定额耗用量（定额费用）×材料费用分配率$$

第 2 步　分配其他生产费用。

$$某项生产费用分配率=\frac{待分配的材料费用}{完工产品定额工时+月末在产品定额工时}$$

$$完工产品负担该项生产费用=完工产品定额工时×该项生产费用分配率$$

$$月末在产品负担该项生产费用=月末在产品定额工时×该项生产费用分配率$$

第 3 步　计算产品成本。

$$完工产品成本=\sum 完工产品负担的各项生产费用$$

$$月末在产品成本=\sum 月末在产品负担的各项生产费用$$

（六）完工产品成本

完工产品是指完成全部生产过程、符合技术与质量要求、已验收入库、具备对外销售条件的产品。为了反映完工产品的入库情况，需要设置"库存商品"账户进行核算。"库存商品"账户是资产类账户，用来核算企业自行生产完工并入库的完工产品成本。在制造企业中，"库存商品"账户的借方登记验收入库的完工产品的实际成本，贷方登记结转的商品销售成本；月末一般为借方余额，表示企业在库产成品的实际成本。

无论采用何种方法确定月末在产品成本，在计算出本期完工产品的总成本和单位成本后，都要根据编制的产品成本分配表或产品成本计算单，结合产品入库单进行账务处理。产品完工验收入库时，借记"库存商品"账户，贷记"基本生产成本"账户。然后根据记账凭证登记基本生产成本明细账，转出完工产品成本，结出月末在产品成本。

借：库存商品（自制半成品）
　　贷：生产成本——基本生产成本

三、任务实施

任务操作详解

四、任务评价

根据任务要求实施并完成任务后，请填写任务评价表，如表 4-7 所示。

表 4-7　任务评价表

序　号	任务清单	分值 / 分	完成度	得分 / 分
1	了解在产品核算与清查方法	10		
2	掌握按直接材料费用计价法进行成本分配	20		
3	掌握按约当产量比例法进行成本分配	30		
4	掌握按定额成本计价法进行成本分配	20		
5	掌握按定额比例法进行成本分配	20		
合　计		100		

五、任务练习

任务练习与解答

任务四　委托加工物资核算

一、任务情境

（一）任务场景

南京耀星有限责任公司主要从事器材器具的生产销售，为增值税一般纳税人，适用的增值税税率为 13%；对材料和委托加工的物资采用计划成本法核算。2021 年 4 月，委托鞍山华昌机械厂加工一批器械 B，发出 A 材料一批，计划成本为 20 000 元，成本差异率为 2%；发出材料的运费共计 1 000 元，由南京耀星有限责任公司承担。5 月份收回加工好的器械 B，以银行存款支付鞍山华昌机械厂 10 000 元加工费，增值税专用发票上注明的增值税税额为 1 300 元；支付运费 1 000 元，运费发票上注明的增值税税额为 90 元。器械 B 已验收入库，计划成本为 40 000 元。

（二）任务布置

根据任务场景，对南京耀星有限责任公司发出和收回委托加工物资业务进行账务处理，编写相关会计分录。

二、知识准备

（一）委托加工物资的含义

委托加工物资是指企业委托外单位加工成新的材料或包装物、低值易耗品等物资。企业委托外单位加工物资的成本包括加工中实际耗用物资的成本、支付的加工费用及应负担的运杂费、支付的税费等。

（二）核算账户

为了反映和监督委托加工物资增减变动及其结存情况，企业应当设置"委托加工物资"账户，借方登记委托加工物资的实际成本，贷方登记加工完成验收入库的物资的实际成本和剩余物资的实际成本；期末余额在借方，反映企业尚未完工的委托加工物资的实际成本等。委托加工物资实际成本中的消费税应分情况进行处理，如果收回后直接用于销售，则支付的消费税税额计入委托加工物资成本；如果收回后用于连续生产应税消费品，则支付的消费税税额可以抵扣。

（三）委托加工物资的账务处理

1. 拨付委托加工物资

发给外单位加工的物资，按实际成本，借记"委托加工物资"账户，贷记"原材料""库存商品"等账户。

借：委托加工物资
　　贷：原材料等

2. 支付加工费及加工费部分可予抵扣的增值税税额

借：委托加工物资
　　应交税费——应交增值税（进项税额）
　　贷：银行存款

3. 支付消费税

（1）如果收回后直接用于销售

借：委托加工物资
　　贷：银行存款、应付账款

（2）如果收回后用于连续生产应税消费品

借：应交税费——应交消费税
　　贷：银行存款、应付账款

4. 收回加工物资

（1）如果委托方收回后直接用于销售

借：库存商品等

　　贷：委托加工物资

（2）如果委托方收回后用于连续生产应税消费品

　　借：原材料等

　　　　贷：委托加工物资

三、任务实施

四、任务评价

任务操作详解

根据任务要求实施并完成任务后，请填写任务评价表，如表4-8所示。

表4-8　任务评价表

序　号	任务清单	分　值	完成度	得　分
1	了解委托加工物资的含义	20		
2	掌握发出委托加工物资的处理	20		
3	掌握支付委托加工物资的加工费、相关税费的处理	20		
4	掌握委托加工物资运杂费的账务处理	20		
5	掌握收回委托加工物资的账务处理	20		
合　计		100		

五、任务练习

任务练习与解答

单元五

销售及应收款结算业务核算

↘ 思政目标

1. 遵守会计规则，在正确的时间点确认收入，不可虚增收入。

2. 合理地确认费用，避免不合规则调整利润的现象出现。

↘ 知识目标

1. 了解销售过程涉及的收入及其分类。

2. 了解销售过程涉及的费用及其分类。

3. 掌握销售过程中收入的确认条件。

4. 掌握销售过程中费用的确认条件。

5. 掌握应收账款的核算。

6. 掌握存在预收账款情况下的销售业务核算。

↘ 技能目标

1. 能够熟练运用会计方法对销售过程中的业务进行正确核算。

2. 能够对销售过程中的税费进行计算与核算。

3. 能够进行销售费用、管理费用及财务费用的核算。

任务一　销售业务核算

一、任务情境

（一）任务场景

2021 年 8 月 13 日，北京田艺装饰有限公司按照合同完成了北京新世纪酒店有限公司的室内设计服务。合同约定设计服务费价税合计 5 000 元，已开具增值税专用发票，款项暂未收到。相关原始凭证如图 5-1 所示。

装修设计　合同

（　2021　）第　06　号

科技伴随 高效学习

甲方	北京新世纪酒店有限公司	乙方	北京田艺装饰有限公司
地址	北京市海淀区首体南路6号	地址	北京市朝阳区五里桥二街1号院7号楼0217
电话	010-68492601	电话	010-56072265
联系人	王立	联系人	赵田艺

合同条款	第一条 设计收费及支付方式 （一）经甲乙双方商定设计费为5000.00元，金额大写伍仟元整。 （二）付款方式：甲方收到设计方案验收满意后用银行转账方式支付全款。 第二条 设计内容约定：乙方应交付给甲方全套设计图纸； 1）设计说明；2）平面设计图及地面材质图；3）各部位立面图及剖面图； 4）节电大样图；5）固定家具图；6）强、弱电平面图；7）强、弱电系统图； 8）给水排水平面图（涉及改造部分）9）顶视图；10）效果图（甲方如需乙方制作）；11）装修材料表。 第三条　双方权利及义务 （一）甲方 1）初步达成协议后，甲方带领乙方设计师至居室现场进行实地测量记录。 2）平面设计阶段，甲方有权较大地变更自己的设计要求两次；施工图阶段，甲方有权较大地变更自己的设计要求一次。细节变更不计。 （二）乙方 1）自协议签订之日起，乙方于2021年08月13日前提交平面设计图，若甲方不满意此设计，乙方须提交修改后的平面设计图，直至甲方认可为止。全套设计平面设计定稿后，乙方须提交全套设计图。甲方认可乙方设计的图后，乙方须提交全套装修材料表，拟定预算书。 第四条　合同纠纷解决方式 本协议在执行过程中发生纠纷，由双方友好协商解决。协商不成，提请相关部门仲裁解决。 第五条　协议文本 1）本协议经甲、乙双方签字后生效。 2）本协议签订后乙方不得将甲方的委托设计转包。 3）本协议一式两份，甲、乙双方各执一份。 4）此协议履行完毕后自动终止。 甲方签章： 日期：2021年08月01日　　　　乙方签章： 　　　　　　　　　　　　　　　日期：2021年08月01日

图 5-1　装修合同

（二）任务布置

北京田艺装饰有限公司完成合同后，会计人员做如下处理。

① 开具增值税发票。

② 对所涉及的票据进行整理。

③ 根据有关原始凭证，完成确认收入的账务处理。

二、知识准备

（一）收入的核算

1. 收入的含义

收入是指企业在日常生活中形成的、会导致所有者权益增加的、与所有者投入资本无关的经济利益的总流入。其中，日常活动是指企业为完成其经营目标所从事的经常性活动及与之相关的其他活动。

2. 收入的确认和计量

收入的确认和计量大致分为5步，如图5-2所示。

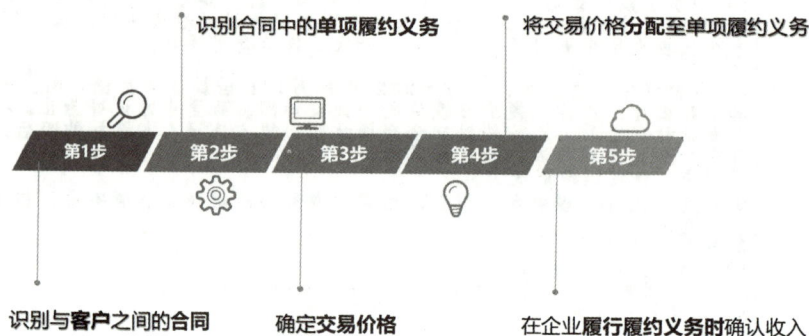

图 5-2　收入确认流程图

如果商品销售不符合收入确认条件，则不应确认收入。已经发出的商品，应当通过"发出商品"账户进行核算。"发出商品"账户核算在一般销售方式下已经发出但尚未确认销售收入的商品成本。

不符合收入确认的情况有：代销商品，当商品发出时，暂不能确认为收入；在得知购买方资金周转困难，收款可能性不大时仍将商品发出，不能确认为收入。

企业对于发出的商品，在不能确认收入时，应按发出商品的实际成本，借记"发出商品"账户，贷记"库存商品"账户。发出商品满足收入确认条件时再确认收入，同时应结转销售成本。

3. 收入的分类

（1）收入按其性质不同分类

收入按其性质不同，可划分为销售商品收入、提供劳务收入和让渡资产使用权收入。

① 销售商品收入是指企业通过销售商品实现的收入。商品主要包括企业为销售而生产的产品或为转售而购进的商品。销售的其他存货，如原材料、包装物等也视同商品。

② 提供劳务收入是指企业通过提供劳务实现的收入。例如，提供旅游、运输、饮食、广告、咨询、代理、培训、产品安装等劳务所实现的收入。

③ 让渡资产使用权收入是指企业通过将资产使用权让渡给他人使用所获得的收入，主

要包括让渡现金使用权而收取的利息收入（如金融企业对外贷款形成的利息收入）、让渡无形资产使用权而收取的使用费收入、出租固定资产而收取的租金收入、进行股权投资而收取的股利收入。

（2）收入按企业经营业务的主次不同分类

收入按企业经营业务的主次不同，可划分为主营业务收入和其他业务收入。

① 主营业务收入是指企业为完成其经营目标而从事的经常性活动实现的收入。主营业务收入一般占企业总收入的比重较大，对企业的经济效益会产生较大的影响。

企业实现的主营业务收入通过"主营业务收入"账户核算，并通过"主营业务成本"账户核算为取得主营业务收入发生的相关成本。

② 其他业务收入是指企业为完成其经营目标而从事的与经常性活动相关的活动实现的收入，即企业主营业务以外的其他日常活动中的次要交易实现的收入。其他业务收入一般占企业总收入的比重较小。不同行业企业的其他业务收入所包括的内容不同，如工业企业的其他业务收入主要包括对外销售材料、对外出租包装物、出租固定资产、对外转让无形资产使用权、提供非工业劳务等实现的收入。

企业实现的其他业务收入通过"其他业务收入"账户核算，并通过"其他业务成本"账户核算为取得其他业务收入发生的相关成本。

4. 收入的账务处理

（1）满足收入确认条件的情况

<1> 取得主营业务收入时

借：银行存款、应收账款等

　　贷：主营业务收入

　　　　应交税费——应交增值税（销项税额）

<2> 取得其他业务收入时

借：银行存款、应收账款等

　　贷：其他业务收入

　　　　应交税费——应交增值税（销项税额）

（2）不满足收入确认条件的情况

<1> 发出时

借：发出商品

　　贷：库存商品、原材料等

<2> 满足收入确认条件时

借：银行存款、应收账款、应收票据等

　　贷：主营业务收入、其他业务收入

　　　　应交税费——应交增值税（销项税额）

课堂训练 5-1 佳成公司2021年3月3日销售产品50件,每件售价300元,单位成本200元/件。购货单位以支票付款,已将提货单和发票账单交给购货单位,适用的增值税税率为13%。

借:银行存款　　　　　　　　　　　　　　　　　　　　　　16 950
　贷:主营业务收入　　　　　　　　　　　　　　　　　　　15 000
　　应交税费——应交增值税(销项税额)　　　　　　　　　 1 950

课堂训练 5-2 因原材料积压严重,佳成公司于2021年3月份销售原材料一批。开出的增值税专用发票上注明的价款为10 000元,适用的增值税税率为13%。该批原材料的实际成本为6 000元,企业尚未收到购货单位的货款。

确认原材料销售收入时的会计分录如下。

借:应收账款　　　　　　　　　　　　　　　　　　　　　　11 300
　贷:其他业务收入　　　　　　　　　　　　　　　　　　　10 000
　　应交税费——应交增值税(销项税额)　　　　　　　　　 1 300

课堂训练 5-3 佳成公司2021年3月4日向丙公司销售一批商品,销售价格为100 000元,该批商品成本为70 000元。佳成公司在售出该批商品时已得知丙公司资金周转暂时出现困难,但为了减少存货积压,同时也为了维持与丙公司长期以来建立的商业关系,佳成公司仍将商品发出。假定不考虑增值税等其他因素。

(1)发出商品时

借:发出商品　　　　　　　　　　　　　　　　　　　　　　70 000
　贷:库存商品　　　　　　　　　　　　　　　　　　　　　70 000

(2)假如丙公司经营情况出现好转,进行付款时

借:银行存款　　　　　　　　　　　　　　　　　　　　　 100 000
　贷:主营业务收入　　　　　　　　　　　　　　　　　　 100 000

(二)销售成本核算

1.销售成本的定义

销售成本是指已销售产品的生产成本或已提供劳务的劳务成本及其他销售的业务成本,包括主营业务成本和其他业务成本两部分。其中,主营业务成本是企业销售产成品、半成品及提供工业性劳务等业务所形成的成本;其他业务成本是企业销售材料、出租包装物、出租固定资产等业务所形成的成本。

按照成本费用相匹配的原则,需要在确认收入的同时,结转为了实现收入而发生的成本。按销售商品的实际成本,借记"主营业务成本"等账户,贷记"库存商品"等账户。

2.结转成本的账务处理

(1)销售商品时

借:主营业务成本

贷：库存商品

（2）销售原材料等

借：其他业务成本

　　贷：原材料、周转材料等

课堂训练 5-4 承课堂训练 5-1，结转销售成本。

借：主营业务成本　　　　　　　　　　　　　　　　　　10 000

　　贷：库存商品　　　　　　　　　　　　　　　　　　　　10 000

课堂训练 5-5 承课堂训练 5-2，结转销售成本。

借：其他业务成本　　　　　　　　　　　　　　　　　　6 000

　　贷：原材料　　　　　　　　　　　　　　　　　　　　　6 000

课堂训练 5-6 承课堂训练 5-3，结转销售成本。

借：主营业务成本　　　　　　　　　　　　　　　　　　70 000

　　贷：发出商品　　　　　　　　　　　　　　　　　　　　70 000

（三）销售折扣

销售折扣是指企业为鼓励购货方早日付款或多购商品而给予的价格折扣，包括商业折扣和现金折扣。

（1）商业折扣

商业折扣是指企业根据市场供需情况，或者针对不同的客户，在商品标价上给予的扣除。商业折扣是企业最常用的促销手段。销售过程中涉及商业折扣的，应该按照折扣后的金额入账。商业折扣的账务处理如下。

借：银行存款、应收账款等

　　贷：主营业务收入（享受商业折扣优惠后的金额）

　　　　应交税费——应交增值税（销项税额）

（2）现金折扣

现金折扣是指债权人为鼓励债务人在规定的期限内付款，而向债务人提供的债务减让。现金折扣一般用符号"折扣/付款期限"表示。例如，2/10 表示债务人 10 天内付款可给予 2% 的折扣；1/20 表示债务人 11 至 20 天付款可给予 1% 的折扣；n/30 表示债务人 21 至 30 天付款不给予折扣。

现金折扣的核算方法有总价法和净价法两种：总价法是将未减去现金折扣前的金额作为应收账款的入账价值，现金折扣在实际发生时作为理财费用，计入当期损益（财务费用）；净价法是将扣减最大现金折扣后的金额作为应收账款的入账价值，客户放弃的现金折扣作为理财收益，冲减财务费用。我国《企业会计准则》规定采用总价法核算销售收入。

在销售过程中涉及现金折扣的，应该按照现金折扣前的金额入账。销售时编制的会计分录如下。

借：银行存款、应收账款等

贷：主营业务收入（假设买方未享受现金折扣的金额）

应交税费——应交增值税（销项税额）

① 如果买方提前还款，则将买方享受现金折扣视作提前收款的代价，增加财务费用，按照扣除现金折扣后的金额回款。

借：银行存款

财务费用（买方享受现金折扣的金额）

贷：应收账款

② 如果买方未提前还款，即买方放弃享受现金折扣，则全额回款。

借：银行存款

贷：应收账款

商业折扣与现金折扣的区别如表 5-1 所示。

表 5-1　商业折扣与现金折扣的区别

项　目	商业折扣	现金折扣
作用	促进销售	尽早回笼资金
性质	价格扣除	债务扣除
折扣确定时间	交易发生时就已确定	交易发生时尚不确定
财务处理	不需要单独处理	买方享受现金折扣时，需要单独处理

课堂训练 5-7 佳成公司在 2021 年 3 月 1 日向大华公司销售一批商品 100 件。该公司的销售政策为：如果单笔销售量高于 50 件，则可在原价 500 元的基础上享受八折优惠。开具的增值税专用发票上注明的增值税税额为 5 200 元。佳成公司为了及早收回货款而在合同中规定的现金折扣的条件为"2/10，1/20，n/30"。假定计算折扣时不考虑增值税。

2021 年 3 月 1 日进行如下账务处理。

借：应收账款 45 200

贷：主营业务收入 （100×500×80%） 40 000

应交税费——应交增值税（销项税额） 5 200

情况一　3 月 9 日买方付清货款，按售价 40 000 元的 2% 享受现金折扣。

借：银行存款 （54 200-800） 44 400

财务费用 （40 000×2%） 800

贷：应收账款——大华公司 45 200

情况二　3 月 16 日买方付清货款，按售价 40 000 元的 1% 享受现金折扣。

借：银行存款 （45 200-400） 44 800

财务费用 （40 000×1%） 400

　　　　贷：应收账款——大华公司　　　　　　　　　　　　　　　　45 200
　　情况三　买方在 3 月底按全额付清货款。
　　　　借：银行存款　　　　　　　　　　　　　　　　45 200
　　　　　　贷：应收账款——大华公司　　　　　　　　　　　　　　　　45 200

（四）销售折让的核算

1. 销售折让的定义

销售折让是指企业因售出商品的质量不合格等原因而在售价上给予的减让。

卖方将商品销售给买方后，如果买方发现商品在质量、规格等方面不符合要求，就可能要求卖方在价格上给予一定的减让。

2. 销售折让的账务处理

① 如果销售折让发生在确认销售收入前，则应在确认销售收入时直接按扣除销售折让后的金额确认，与发生商业折扣的处理方法一致。

　　借：银行存款
　　　　贷：主营业务收入（扣除销售折让后的金额）
　　　　　　应交税费——应交增值税（销项税额）

② 如果销售折让发生在确认销售收入后，则于发生时冲减当期收入。如果按规定允许扣减增值税，则还应冲减已确认的应缴增值税销项税额。

　　<1> 收入确认时
　　借：银行存款
　　　　贷：主营业务收入
　　　　　　应交税费——应交增值税（销项税额）

　　<2> 发生销售折让时
　　借：主营业务收入（予以折让的金额）
　　　　应交税费——应交增值税（销项税额）
　　　　贷：应收账款

课堂训练 5-8 佳成公司 2021 年 3 月 27 日销售给奇奇公司商品一批。开具的增值税专用发票上注明的价款为 100 000 元、增值税税额为 13 000 元。9 月 1 日，奇奇公司验收时发现一些商品存在瑕疵。双方沟通后，佳成公司给予奇奇公司 5 000 元的折让，并开具红字增值税专用发票。佳成公司适用的增值税税率为 13%。

（1）3 月 27 日实现销售时
　　借：应收账款——奇奇公司　　　　　　　　　　　　113 000
　　　　贷：主营业务收入　　　　　　　　　　　　　　　100 000
　　　　　　应交税费——应交增值税（销项税额）　　　　　13 000

（2）发生销售折让时

借：主营业务收入 　　　　　　　　　　　　　　　　5 000

　　应交税费——应交增值税（销项税额） 　　　　　650

　　　贷：应收账款——奇奇公司 　　　　　　　　　　　　　5 650

（3）实际收到款项时

借：银行存款 　　　　　　　　　　　　　　　　　107 350

　　　贷：应收账款——奇奇公司 　　　　　　　　　　　　107 350

（五）销售退回的核算

1. 销售退回的定义

销售退回是指企业售出的商品由于质量、品种不符合要求等而发生的退货。

2. 销售退回的账务处理

（1）未确认收入的售出商品发生销售退回

企业应按已记入"发出商品"账户的商品成本金额，借记"库存商品"账户，贷记"发出商品"账户。

<1> 商品发出时

借：发出商品

　　　贷：库存商品

<2> 发生退货时

借：库存商品

　　　贷：发出商品

（2）已确认收入的售出商品发生销售退回

企业一般应在发生时冲减当期销售商品收入，同时冲减当期销售商品成本。

<1> 确认收入时

借：银行存款等

　　　贷：主营业务收入

　　　　　应交税费——应交增值税（销项税额）

结转成本，

借：主营业务成本

　　　贷：库存商品

<2> 发生退货时

■ 冲减销售收入

借：主营业务收入

　　　应交税费——应交增值税（销项税额）

　　　贷：银行存款

■ 冲减销售成本

借：库存商品

　　贷：主营业务成本

（3）已确认收入的售出商品发生销售退回属于资产负债表日后事项

应按资产负债表日后事项的相关规定进行账务处理。

课堂训练 5-9 佳成公司 2021 年 4 月 25 日销售 100 件 Y 产品（单价 600 元 / 件，单位成本 400 元 / 件），5 月 2 日因该批次产品部分存在质量问题被退回 10 件。货款已于当日退还给购货单位，该项销售未涉及现金折扣。佳成公司适用的增值税税率为 13%，假定不考虑其他因素。

（1）4 月 25 日实现销售时

借：银行存款　　　　　　　　　　　　　　　　　　　　　67 800

　　贷：主营业务收入　　　　　　　　　　　　　　　　　60 000

　　　　应交税费——应交增值税（销项税额）　　　　　　 7 800

（2）结转销售成本

借：主营业务成本　　　　　　　　　　　　　　　　　　　40 000

　　贷：库存商品　　　　　　　　　　　　　　　　　　　40 000

（3）冲减销售收入

借：主营业务收入　　　　　　　　　　　　　　　　　　　 6 000

　　应交税费——应交增值税（销项税额）　　　　　　　　　 780

　　贷：银行存款　　　　　　　　　　　　　　　　　　　 6 780

（4）冲减销售成本

借：库存商品　　　　　　　（400×10）　　　　　　　　　 4 000

　　贷：主营业务成本　　　　　　　　　　　　　　　　　 4 000

（六）某一时段内履行的履约义务核算

1. 委托代销的含义

委托代销是指委托方和受托方签订代销合同或协议，委托受托方向终端客户销售商品的行为。

2. 处理原则

① 受托方获得对该商品控制权的，企业应当按销售商品进行会计处理。这种安排不属于委托代销安排（视同买断形式的委托代销）。

② 受托方没有获得对该商品控制权的，企业通常应当在受托方售出商品后，按合同或协议约定的方法计算确定手续费并确认收入。

3. 委托代销的分类

委托代销可以分为包销形式的委托代销、非包销形式的委托代销、支付手续费形式的委托代销。其具体的区别如表 5-2 所示。

表 5-2　不同形式委托代销的区别

形　式	委托方确认收入的时间	受托方有无定价权	委托方确认收入的时间	受托方的收益方式
非包销形式	在收到代销清单时确认收入	有	在卖出商品时即可确认收入	视为自有商品的销售，以价差方式赚取收益
支付手续费		无	在有权收取手续费时确认收入	以手续费方式认定收入
包销形式	委托方与受托方完全按正常商品购销行为进行处理，不属于委托代销安排			

4. 委托代销的账务处理

（1）包销形式的委托代销

<1> 发出委托代销商品时

借：应收账款

　　贷：主营业务收入

　　　　应交税费——应交增值税（销项税额）

借：主营业务成本

　　贷：发出商品

<2> 收到受托方开具的代销清单及汇入货款时

借：银行存款

　　贷：应收账款

（2）非包销形式的委托代销

<1> 发出委托代销商品时

借：发出商品

　　贷：库存商品

<2> 收到受托方开具的代销清单时

借：应收账款

　　贷：主营业务收入

　　　　应交税费——应交增值税（销项税额）

借：主营业务成本

　　贷：发出商品

<3> 收到受托方的汇入款项时

借：银行存款

　　贷：应收账款

（3）支付手续费形式的委托代销

<1> 发出委托代销商品时

借：发出商品

  贷：库存商品

<2> 收到受托方开具的代销清单时

借：应收账款

  贷：主营业务收入

    应交税费——应交增值税（销项税额）

借：主营业务成本

  贷：发出商品

<3> 确认应付的代销手续费时

借：销售费用

  贷：应收账款

<4> 收到受托方的汇入款项时

借：银行存款

  贷：应收账款

课堂训练 5-10 2021 年 6 月 1 日，佳成公司委托宏远公司销售 1 000 台洗衣机。每台成本为 3 000 元，协议约定每台售价为 5 000 元。宏远公司在取得商品后，按照协议价格于 2021 年 6 月 30 日全部售出，并按销售价格（包含增值税）的 5% 收取手续费，向佳成公司开具代销清单，结清协议价款。其他条件不变。

（1）发出委托代销商品时

借：发出商品   3 000 000

  贷：库存商品   3 000 000

（2）收到受托方开具的代销清单时

借：应收账款   5 650 000

  贷：主营业务收入   5 000 000

    应交税费——应交增值税（销项税额）   650 000

借：主营业务成本   3 000 000

  贷：发出商品   3 000 000

（3）确认应付的代销手续费时

借：销售费用   282 500

  贷：应收账款   282 500

（4）收到受托方的汇入款项时

借：银行存款   5 367 500

  贷：应收账款   5 367 500

三、任务实施

（一）业务流程

业务流程如图 5-3 所示。

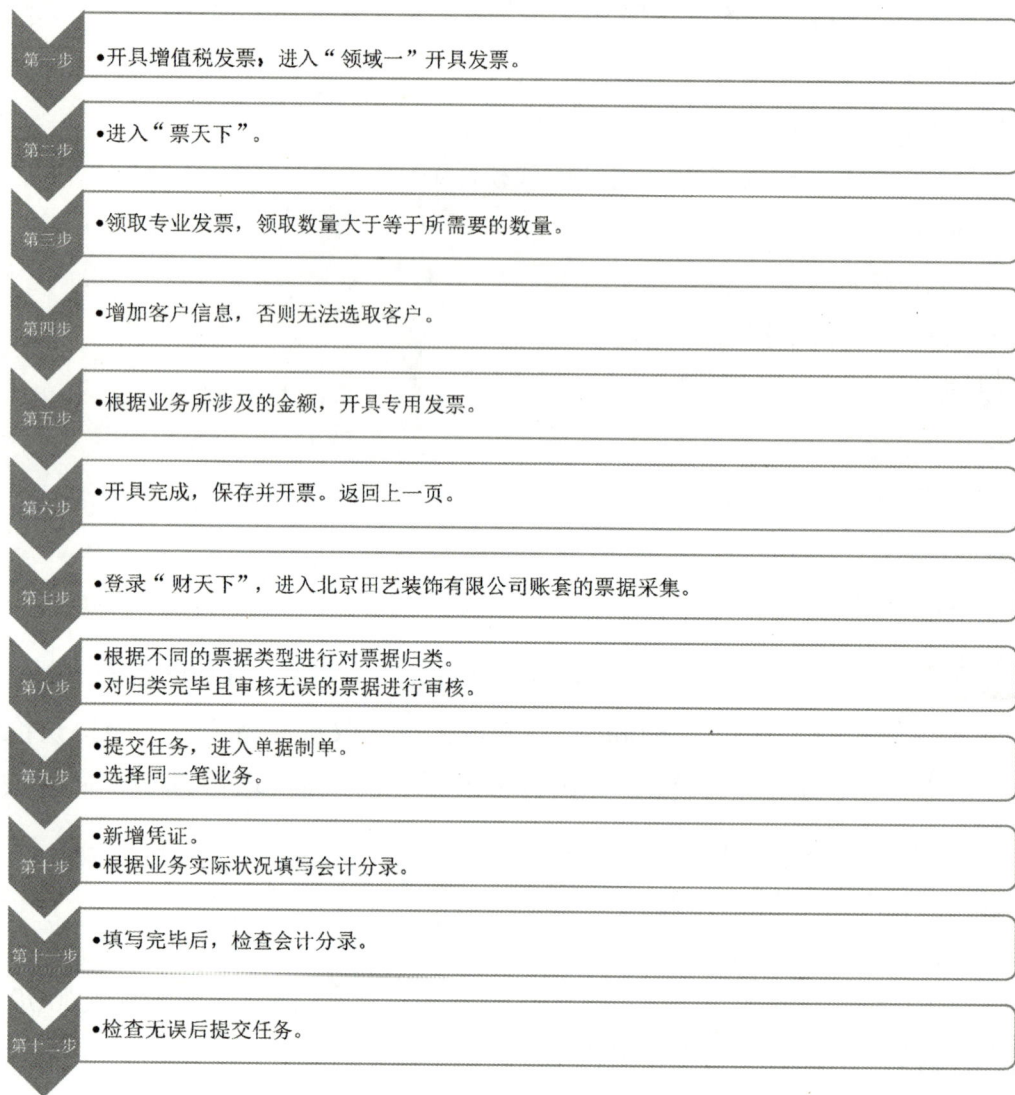

步骤	内容
第一步	• 开具增值税发票，进入"领域一"开具发票。
第二步	• 进入"票天下"。
第三步	• 领取专业发票，领取数量大于等于所需要的数量。
第四步	• 增加客户信息，否则无法选取客户。
第五步	• 根据业务所涉及的金额，开具专用发票。
第六步	• 开具完成，保存并开票。返回上一页。
第七步	• 登录"财天下"，进入北京田艺装饰有限公司账套的票据采集。
第八步	• 根据不同的票据类型进行对票据归类。 • 对归类完毕且审核无误的票据进行审核。
第九步	• 提交任务，进入单据制单。 • 选择同一笔业务。
第十步	• 新增凭证。 • 根据业务实际状况填写会计分录。
第十一步	• 填写完毕后，检查会计分录。
第十二步	• 检查无误后提交任务。

图 5-3　业务流程

（二）任务操作

四、任务评价

任务操作图解　　任务操作视频

根据任务要求实施并完成任务后，请填写任务评价表，如表 5-3 所示。

表 5-3　任务评价表

序　号	任务清单	分值 / 分	完成度	得分 / 分
1	了解销售过程涉及的收入及其分类	20		
2	了解销售过程涉及的费用及其分类	20		

（续表）

序　号	任务清单	分值/分	完成度	得分/分
3	掌握销售过程中收入的确认条件	30		
4	掌握销售过程中费用的确认条件	30		
	合　计	100		

五、任务练习

任务练习与解答

任务二　应收款项与预收款项核算

一、任务情境

（一）任务场景

2021 年 8 月 18 日，北京田艺装饰有限公司与北京鸿顺贸易有限公司签订装修合同。合同含税价共计 150 000.00 元，约定当天先支付合同价款的 5%。取得的相关凭证如图 5-4 和图 5-5 所示。

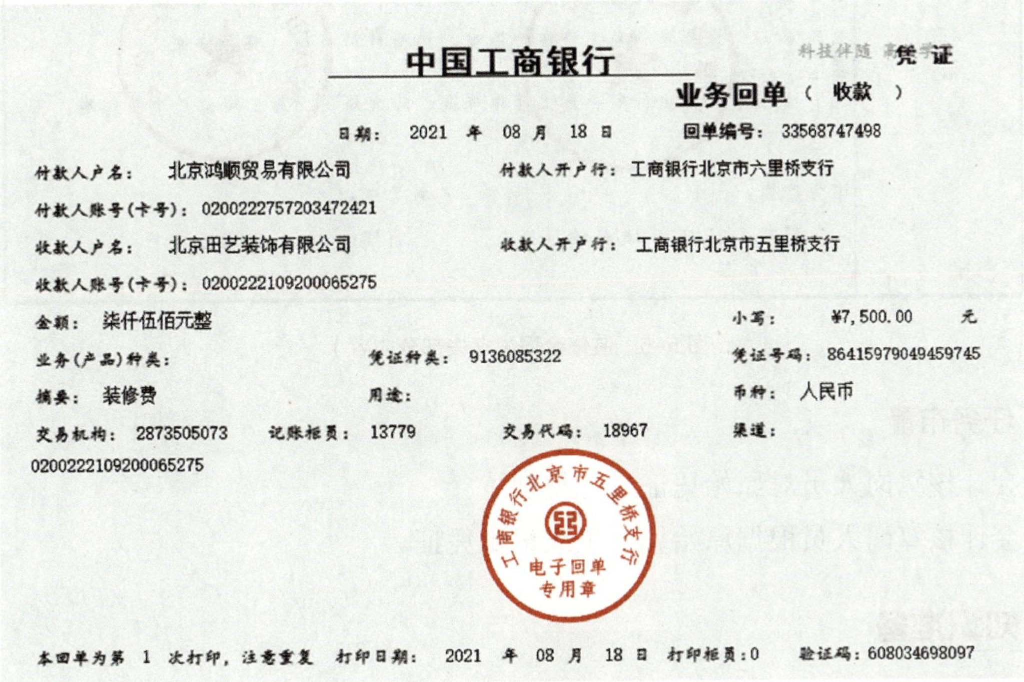

中国工商银行

科技伴随　凭证

业务回单（收款）

日期：2021 年 08 月 18 日　　回单编号：33568747498

付款人户名：北京鸿顺贸易有限公司　　付款人开行：工商银行北京市六里桥支行

付款人账号（卡号）：0200222757203472421

收款人户名：北京田艺装饰有限公司　　收款人开行：工商银行北京市五里桥支行

收款人账号（卡号）：0200222109200065275

金额：柒仟伍佰元整　　　　　　　　　　　小写：￥7 500.00　元

业务（产品）种类：　　　凭证种类：9136085322　　凭证号码：86415979049459745

摘要：装修费　　　　　　用途：　　　　　　　　币种：人民币

交易机构：2873505073　记账柜员：13779　　交易代码：18967　　渠道：

0200222109200065275

本回单为第 1 次打印，注意重复　打印日期：2021 年 08 月 18 日　打印柜员：0　　验证码：608034698097

图 5-4　银行回单

装修工程　合同

（　2021　）第　17　号

甲方	北京鸿顺贸易有限公司	乙方	北京田艺装饰有限公司
地址	北京市西城区金融大街通泰大厦	地址	北京市朝阳区五里桥二街1号院7号楼0217
电话	010-87899342	电话	010-56072265
联系人	彭显	联系人	赵田艺
合同条款	第一条 工程概况 1.1 工程地点：＿＿＿＿＿＿＿北京市西城区金融大街通泰大厦4F＿＿＿＿。 1.2 工程内容及做法（详见附表1：家庭居室装饰装修工程施工项目确认表。附表2：家庭居室装饰装修工程内容和做法一览表）。 1.3 工程承包方式：双方商定采取下列第＿1＿种承包方式。 （1）承包人包工、包料（详见附表5：承包人提供装饰装修材料明细表）； （2）承包人包工、部分包料，发包人提供部分材料（详见附表4：发包人提供装饰装修材料明细表。附表5：承包人提供装饰装修材料明细表）； （3）承包人包工、发包人包料（详见附表4：发包人提供装饰装修材料明细表）。 1.4 工程期限＿＿80＿＿天，开工日期＿＿2021＿＿年＿08＿月＿18＿日，竣工日期＿2021＿年＿10＿月＿28＿日。 1.5 合同价款：本合同工程造价为（大写）：＿＿＿＿＿＿壹拾伍万元整＿＿＿＿＿。 于合同签订日预收5%的装修款，于验收合格后，付尾款 第二条 工程监理 若本工程实行工程监理，发包人与监理公司另行签订《工程监理合同》，并将监理工程师的姓名、单位、联系方式及监理工程师的职责等通知承包人。 第三条 施工图纸 双方商定施工图纸采取下列第＿1＿种方式提供： （1）发包人自行设计并提供施工图纸，图纸一式二份，发包人、承包人各一份（详见附表6：家庭居室装饰装修工程设计图纸）； （2）发包人委托承包人设计施工图纸，图纸一式二份，发包人、承包人各一份（详见附表6：家庭居室装饰装修工程设计图纸），设计费（大写）＿＿＿＿＿＿元，由发包人支付（此费用不在工程价款内） 第四条 发包人义务 4.1 开工前＿＿3＿＿天，为承包人入场施工创造条件。包括撤清室内家具、陈设或将室内不易搬动的家具、陈设归堆、遮盖，以不影响施工为原则； 4.2 提供施工期间的水源、电源； 4.3 负责协调施工队与邻里之间的关系； 4.4 不拆动室内承重结构，如需拆改原建筑的非承重结构或设备管线，负责到有关部门办理相关审批手续； 4.5 施工期间发包人仍需部分使用该居室的，负责做好施工现场的保卫及消防等项工作； 4.6 参与工程质量和施工进度的监督，负责材料进场、竣工验收。 第五条 承包人义务 5.1 施工中严格执行安全施工操作规范、防火规定、施工规范及质量标准，按

甲方签章：　　　　　　　　　　乙方签章：

日期：2021 年 08 月 18 日　　　日期：2021 年 08 月 18 日

图5-5　装修合同（略去部分内容）

（二）任务布置

① 请会计核算岗人员对原始凭证进行整理。

② 请会计核算岗人员根据原始凭证生成记账凭证。

二、知识准备

（一）应收账款核算

1. 应收账款的定义

应收账款（account receivable）是指企业在销售商品、提供劳务等经营过程中应向购货单位或接受劳务的单位收取的款项。

应收账款主要包括企业销售商品或提供劳务等应向有关债务人收取的价款、增值税税款及代购货单位垫付的包装费、运杂费等。凡不是因销售活动、提供劳务而发生的应收款项，不应列入应收账款，如应收取的各种赔款和罚款、应向职工收取的各种垫付款、应收债务人的利息、应收已宣告分配的股利、企业付出的各种存出保证金和押金、预付款项等。

2. 应收账款的计量

应收账款的入账价值是指应向客户收取的款项，包括销售货物或提供劳务的价款、增值税及代购货方垫付的运杂费等。在确认应收账款的入账价值时，应考虑有关的折扣、折让因素。折扣包括商业折扣和现金折扣两种。

3. 应收账款的账户设置

为总括反映和监督企业应收账款的发生与收回情况，企业应设置"应收账款"账户，进行总分类核算。不单独设置"预收账款"账户的企业，预收账款也在"应收账款"账户核算。

课堂训练 5－11　2021 年 6 月 30 日，佳成公司向桂林阳光超市销售商品一批。开出的增值税专用发票上注明的价款为 169 200 元、增值税税额为 21 996 元。采用委托收款方式结算货款。

（1）办妥委托银行收款手续时

借：应收账款——桂林阳光超市	191 196
贷：主营业务收入	169 200
应交税费——应交增值税（销项税额）	21 996

（2）收到货款时

借：银行存款	191 196
贷：应收账款——桂林阳光超市	191 196

（二）应收票据核算

1. 应收票据概念

应收票据（note receivable）是指企业因销售商品或产品、提供劳务等而收到的尚未到期兑现的商业汇票。

商业汇票是出票人签发的，委托付款人在指定日期无条件支付确定的金额给收款人或持票人的票据。在银行开立存款账户的法人和其他组织之间的结算才能使用商业汇票。商业汇票可以按不同标准进行以下分类。

① 按照承兑人的不同分类，商业汇票可分为商业承兑汇票和银行承兑汇票。

② 按照票据是否带息分类，商业汇票分为带息票据和不带息票据。

③ 按照是否带追索权分类，商业汇票分为带追索权商业汇票和不带追索权商业汇票。

2.应收票据初始计量

应收票据应于因销售商品或产品、提供劳务等而收到承兑的商业汇票时确认，并按票据面值予以计量。因为商业汇票的期限最长不得超过6个月，所以企业收到开出承兑的商业汇票，无论是否带息，均按应收票据的票面价值入账。带息应收票据应于期末按票据的票面价值和确定的利率计提利息，并同时计入当期损益。应收票据的计算公式为：

$$不带息票据到期值 = 票据面值$$
$$带息票据到期值 = 票据面值 + 票据利息$$
$$= 票据面值 + 票据面值 \times 票面利率 \times 票据期限$$

3.应收票据到期日的确定

应收票据到期日应按不同的约定方式来确定。票据期限按月表示时，到期日按月对日确定；月末出票的，为到期月的最后一天。票据期限按日表示时，为从出票日起实际经历的天数，头尾只算一天（算头不算尾，或者算尾不算头）。例如，4月15日签发的90天票据，到期日应为7月14日。

4.应收票据的账户设置

为了总括核算和监督企业应收票据的发生与到期收回等情况，企业应设置"应收票据"账户，进行应收票据的总分类核算。

5.应收票据的核算

企业取得商业汇票有两种情况：一是企业因销售商品、产品、提供劳务等而收到商业汇票；二是企业收到用以抵偿应收账款的商业汇票。应收票据核算又分为不带息应收票据的核算和带息应收票据的核算。

（1）不带息应收票据的核算

① 企业实现销售，收到不带息商业汇票时，按应收票据的面值借记"应收票据"账户，按实现的销售收入贷记"主营业务收入"等账户，按增值税专用发票上注明的增值税税额贷记"应交税费——应交增值税（销项税额）"账户。

② 如果企业所收票据是因债务人抵偿前欠货款而取得的应收票据，则应按应收票据面值，借记"应收票据"账户，贷记"应收账款"账户。

③ 应收票据到期收回票款时，借记"银行存款"账户，贷记"应收票据"账户。

④ 应收票据到期不能收回票款时，借记"应收账款"账户，贷记"应收票据"账户。

课堂训练 5-12 2021年6月30日，佳成公司向江南甜园超市销售商品一批，价款为10 000元、增值税税率为13%。商品已发出，收到银行承兑汇票一张，面值为11 300元，期限为3个月。

（1）销售实现时

借：应收票据——江南甜园超市　　　　　　　　　　　　　11 300

　　贷：主营业务收入　　　　　　　　　　　　　　　　　　　　10 000

　　　　应交税费——应交增值税（销项税额）　　　　　　　　　1 300

（2）到期收回货款时

借：银行存款　　　　　　　　　　　　　　　　　　　　　　　11 300

　　贷：应收票据——江南甜园超市　　　　　　　　　　　　　11 300

（3）到期对方无力偿付货款时

借：应收账款——江南甜园超市　　　　　　　　　　　　　　　11 300

　　贷：应收票据——江南甜园超市　　　　　　　　　　　　　11 300

（2）带息应收票据的核算

① 企业实现销售，收到带息商业汇票时，按票据的面值借记"应收票据"账户，按应确认的收入贷记"主营业务收入"账户，按应收取的增值税税额贷记"应交税费——应交增值税（销项税额）"账户。

② 企业应于中期期末和年度终了，按规定计算票据利息，并增加应收票据的票面价值，同时冲减财务费用。每期末计息时，借记"应收票据"账户，贷记"财务费用"账户。

③ 应收票据到期收回货款时，借记"银行存款"账户，按账面余额贷记"应收票据"账户，按其差额贷记"财务费用"账户。

④ 应收票据到期不能收回货款时，按账面余额转入应收账款，借记"应收账款"账户，贷记"应收票据"账户。没有计提的利息不再计提。

课堂训练 5-13 2021 年 4 月 30 日，佳成公司向江南甜园超市销售商品一批，价款为 20 000 元、增值税税率为 13%。商品已发出，收到银行承兑汇票一张，面值为 22 600 元，年利率为 6%，期限为 5 个月。

（1）4 月 30 日，销售实现时

借：应收票据——江南甜园超市　　　　　　　　　　　　　　22 600

　　贷：主营业务收入　　　　　　　　　　　　　　　　　　20 000

　　　　应交税费——应交增值税（销项税额）　　　　　　　　2 600

（2）8 月 31 日，计提利息时

利息=22 600×6%÷12×4=452（元）

借：应收票据——江南甜园超市　　　　　　　　　　　　　　　452

　　贷：财务费用　　　　　　　　　　　　　　　　　　　　　452

（3）9 月 30 日，到期收回货款时

票据到期值=22 600+22 600×6%×5÷12=23 165（元）

借：银行存款　　　　　　　　　　　　　　　　　　　　　　23 165

　　贷：应收票据——江南甜园超市　　　　　　　　　　　　23 052

　　　　财务费用　　　　　　　　　　　　　　　　　　　　　113

（4）如果 9 月 30 日到期对方无力偿付货款

借：应收账款——江南甜园超市　　　　　　　　　　　　　23 052
　　贷：应收票据——江南甜园超市　　　　　　　　　　　　　　　23 052

对方将来偿还货款时，所偿还的款项既可能等于票据的账面余额，也可能等于票据的到期值。收到款项时，将实收款和应收票据的账面余额之间的差额确认为当期的财务费用。

（5）如果以后江南甜园超市偿付货款 23 052 元

借：银行存款　　　　　　　　　　　　　　　　　　　　　　23 052
　　贷：应收账款——江南甜园超市　　　　　　　　　　　　　　　23 052

票据账面余额 = 23 052（元）

票据到期值 = 23 165（元）

（6）如果以后江南甜园超市偿付货款及利息，则

借：银行存款　　　　　　　　　　　　　　　　　　　　　　23 165
　　贷：应收账款——江南甜园超市　　　　　　　　　　　　　　　23 052
　　　　财务费用　　　　　　　　　　　　　　　　　　　　　　　113

6. 应收票据贴现

贴现是票据持有人将未到期的票据在背书后送交银行，银行按票据到期值扣除贴现期间的贴现利息后，将余额付给企业的融通资金行为。

（1）应收票据贴现额的计算

第 1 步　计算贴现期。贴现期是指贴现日至到期日的天数。但按银行规定，承兑人在异地的，贴现日的计算应加 3 天的划款日期。

第 2 步　计算票据到期值。不带息票据的到期值等于面值；带息票据的到期值等于其面值加利息。

第 3 步　计算贴现利息。

第 4 步　计算贴现额。

（2）应收票据贴现的核算

<1> 不附追索权的应收票据贴现

不附追索权相当于出售应收票据，到期承兑人不付款时，被贴现人无权要求贴现企业归还贴现款。企业持未到期的应收票据向银行贴现，按实际收到的金额（减去贴现息后的金额）借记"银行存款"账户，按应收票据账面余额贷记"应收票据"账户；借贷方差额记入"财务费用"账户。票据到期时，承兑人无论是否支付，都与贴现企业无关，贴现企业无须进行账务处理。

课堂训练 5-14　2021 年 4 月 30 日，佳成公司持南阳公司 4 月 15 日签发并交来的 60 天到期、票面金额为 6 000 元的不带息银行承兑汇票一张向银行贴现。

票据到期值 = 6 000（元）

贴现期=60-15=45（天）

贴现利息=6 000×16%×45÷360=120（元）

实得贴现金额=6 000-120=5 880（元）

借：银行存款　　　　　　　　　　　　　　　　　　　　　　5 880

　　财务费用　　　　　　　　　　　　　　　　　　　　　　120

　　贷：应收票据——南阳公司　　　　　　　　　　　　　　　　6 000

<2> 附追索权的应收票据贴现

附追索权相当于利用票据进行抵押贷款，到期承兑人不付款时，被贴现人有权要求贴现企业归还贴现款。企业持未到期的应收票据向银行贴现，按实际收到的金额（减去贴现息后的金额）借记"银行存款"账户，按应收票据票面金额贷记"短期借款"账户，贴现息记入"财务费用"账户。

● 票据到期，如果承兑人支付了票据款，则贴现企业应转销应收票据和短期借款，借记"短期借款"账户，贷记"应收票据"账户。

● 票据到期，如果承兑人无法偿还票据款，则贴现企业要退回款项，借记"短期借款"账户，贷记"银行存款"账户。同时，转销应收票据，借记"应收账款"账户，贷记"应收票据"账户。

● 票据到期，承兑人和贴现企业银行存款账户余额都不足时，贴现企业应将应收票据转为应收账款，借记"应收账款"账户，贷记"应收票据"账户。

（三）预收账款核算

1. 预收账款的定义

预收账款是指企业按照合同规定向购货单位预收的款项。与应付账款不同，预收账款所形成的负债不是以货币偿付，而是以货物偿付的。企业应通过"预收账款"账户核算预收账款的取得、偿付等情况。

2. 预收账款的账户设置

预收账款业务较多的企业可单独设置"预收账款"账户；预收账款业务不多的企业可不单独设置"预收账款"账户，将预收的款项直接记入"应收账款"账户。

预收账款属于负债类账户，收取预收账款时，借记"银行存款"账户，贷记"预收账款"账户。

3. 预收账款的账务处理

（1）发生预收账款（赊销）时

借：银行存款

　　贷：预收账款

（2）发出商品，确认收入时

借：预收账款

　　　　贷：主营业务收入

　　　　　　应交税费——应交增值税（销项税额）

　　（3）补收差款或退回余款时

　　<1> 补收差款

　　借：银行存款

　　　　贷：预收账款

　　<2> 退回余款

　　借：预收账款

　　　　贷：银行存款

课堂训练 5-15 2021 年 4 月 1 日，佳成公司按照合同预收乙公司订购 A 产品的货款 120 000 元，存入银行。一周后，按照合同规定发出 A 产品 6 000 件。每件售价 500 元，增值税专用发票上注明的价款为 3 000 000 元、增值税税额为 390 000 元。5 月 1 日，佳成公司收到乙公司补付的购货款。

　　（1）收到订货款存入银行时

　　借：银行存款　　　　　　　　　　　　　　　　　　　　　120 000

　　　　贷：预收账款　　　　　　　　　　　　　　　　　　　120 000

　　（2）发出商品，确认收入时

　　借：预收账款　　　　　　　　　　　　　　　　　　　　3 390 000

　　　　贷：主营业务收入　　　　　　　　　　　　　　　　3 000 000

　　　　　　应交税费——应交增值税（销项税额）　　　　　390 000

　　（3）收到补付的购货款时

　借：银行存款　　　　　　　　　　　　　　　　　　　　3 270 000

　　　贷：预收账款　　　　　　　　　　　　　　　　　　3 270 000

（四）其他应收款核算

1. 其他应收款的概念

　　其他应收款是指企业除应收票据、应收账款、预付账款、应收股利和应收利息以外的其他各种应收及暂付款项。其主要内容包括应收的各种赔款、罚款，如因企业财产等遭受意外损失而应向有关保险公司收取的赔款等；应收的出租包装物租金；应向职工收取的各种垫付款项，如为职工垫付的水电费，应由职工负担的医药费、房租费等；存出保证金，如租入包装物支付的押金；其他各种应收、暂付款项。

2. "其他应收款"账户的设置

　　为了反映和监督其他应收账款的增减变动及其结存情况，企业应当设置"其他应收款"账户进行核算，借方登记其他应收款的增加，贷方登记其他应收款的收回；期末余额一般在借方，反映企业尚未收回的其他应收款项。"其他应收款"账户应当按照对方单位（或个人）设置明细账户进行核算。

3.其他应收款的账务处理

企业发生各种其他应收款项时，应借记"其他应收款"账户，贷记"库存现金""银行存款""固定资产清理"等账户。收回其他各种应收款项时，借记"库存现金""银行存款""应付职工薪酬"等账户，贷记"其他应收款"账户。

课堂训练 5-16 2021年5月2日，佳成公司以银行存款代职工梁林垫付其个人负担的住院医疗费500元。拟从其工资中扣回。

（1）垫付时

借：其他应收款——梁林　　　　　　　　　　　　　　　500

　　贷：银行存款　　　　　　　　　　　　　　　　　　　　500

（2）扣款时

借：应付职工薪酬　　　　　　　　　　　　　　　　　　500

　　贷：其他应收款——梁林　　　　　　　　　　　　　　　500

三、任务实施

（一）业务流程（见图5-6）

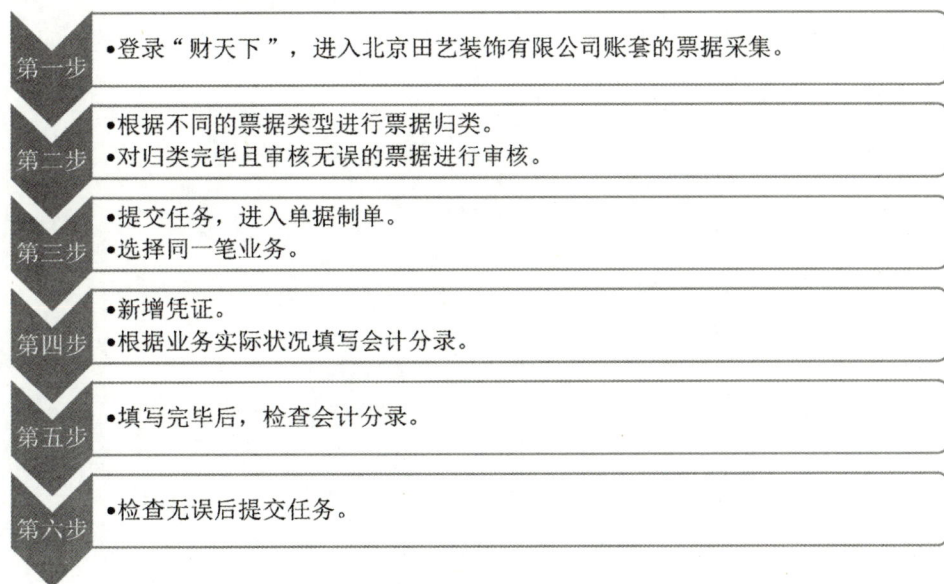

第一步 •登录"财天下"，进入北京田艺装饰有限公司账套的票据采集。

第二步 •根据不同的票据类型进行票据归类。•对归类完毕且审核无误的票据进行审核。

第三步 •提交任务，进入单据制单。•选择同一笔业务。

第四步 •新增凭证。•根据业务实际状况填写会计分录。

第五步 •填写完毕后，检查会计分录。

第六步 •检查无误后提交任务。

图5-6　业务流程

（二）任务操作

任务操作图解　　任务操作视频

四、任务评价

根据任务要求实施并完成任务后，请填写任务评价表，如表 5-4 所示。

表 5-4　任务评价表

序　号	任务清单	分值／分	完成度	得分／分
1	掌握应收账款的核算	20		
2	掌握存在预收账款的情况下销售业务的核算	20		
3	能够进行销售费用、管理费用及财务费用的核算	20		
4	能够熟练运用会计方法对销售过程中的业务进行正确核算	20		
5	掌握销售过程中税费的计算与核算	20		
合　计		100		

五、任务练习

任务练习与解答

单元六

投资业务核算

↘ 思政目标

1. 树立正确的价值观、人生观。

2. 树立正确的投资观。

3. 增强学生遵守社会公德和法律的意识。

↘ 知识目标

1. 了解固定资产、无形资产、交易性金融资产等概念。

2. 了解企业固定资产、无形资产、交易性金融资产的购置和处置活动的主要内容。

3. 掌握固定资产、无形资产、交易性金融资产的账户设置和结构。

4. 掌握企业投资固定资产、无形资产、交易性金融资产的账务处理。

↘ 技能目标

1. 能正确编制固定资产折旧计算表、无形资产摊销计算表等相关自制原始凭证。

2. 能够正确识别和审核与固定资产、无形资产相关的业务凭证。

3. 能够依据审核无误的相关原始凭证编制记账凭证。

4. 能够依据审核无误的记账凭证登记相关明细账及总账。

任务一　固定资产核算

一、任务情境

（一）任务场景

北京田艺装饰有限公司为增值税一般纳税人，主营业务是提供装饰服务（税率9%）、工程设计服务（税率6%）；销售防盗、防火报警器及类似装置，安全检查仪器（税率13%），等等。公司地址位于北京市朝阳区五里桥二街1号院7号楼；纳税人识别号为91110105064859840P；

开户行为工商银行北京市五里桥支行，账户为0200222109200065275。

（二）任务布置

① 7月23日，公司购进一辆面包车，价税合计67 800元，同时支付车辆购置税6 000元。该面包车本月已使用。请会计核算岗人员审核原始凭证，并根据审核后的凭证生成记账凭证。

② 8月31日，计提本月累计折旧（工程部固定资产折旧额记入"主营业务成本——提供劳务成本"账户）。请会计核算岗人员审核原始凭证，并根据审核后的原始凭证生成记账凭证。

二、知识准备

（一）固定资产概述

1.固定资产的含义

固定资产是指同时具有下列特征的有形资产：为生产商品、提供劳务、出租或经营管理而持有的；使用寿命超过一个会计年度。其中，使用寿命是指企业使用固定资产的预计期间，或者该固定资产所能生产产品或提供劳务的数量。

2.固定资产的分类

① 按照经济用途分类，固定资产可分为生产经营用固定资产、非生产经营用固定资产、外购半成品（外购件）。

② 按照使用情况分类，固定资产可分为使用中的固定资产、未使用固定资产、不需用固定资产。

③ 按照所有权分类，固定资产可分为自有固定资产、融资租入固定资产。

④ 按照经济用途和使用情况分类，固定资产可分为生产经营用固定资产，非生产经营用固定资产，租出固定资产，未使用固定资产，不需用固定资产，土地、融资租入固定资产。

3.固定资产的计价

① 原始价值。原始价值也称原价或原值，是指企业取得的固定资产在达到可使用状态之前所发生的全部合理支出。

② 重置成本。重置成本也称重置价值，是指企业在当前条件下，重新购置同样的全新固定资产所发生的全部合理支出。

③ 净值。净值也称折余价值，是指固定资产原始价值减去已提折旧后的余额。

（二）外购固定资产业务核算

固定资产同时满足下列条件的，才能予以确认：与该固定资产有关的经济利益很可能流入企业；该固定资产的成本能够可靠地计量。固定资产的各组成部分具有不同的使用寿命或以不同的方式为企业提供经济利益，适用不同的折旧率或折旧方法的，应当分别将各组成部分确认为单项固定资产。

1.固定资产的初始成本

固定资产应当按照成本进行初始计量。固定资产的成本是指企业购建某项固定资产达到预定可使用状态前所发生的一切合理、必要的支出。其中既包括直接发生的价款、运杂费、包装费和安装成本等，也包括间接发生的，如应承担的借款利息、外币借款折算差额及应分摊的其他间接费用。

① 初始成本核算的内容包括以下各项。

● 买价。

● 相关税金。相关税金包括进口关税等，其中购入生产经营用固定资产支付的增值税税额可作为进项税抵扣。

● 相关费用。相关费用包括保险费、运杂费、安装成本、场地整理费、专业人员服务费等。

② 对于外购多项没有单独标价的固定资产，应当按照各项固定资产公允价值比例对总成本进行分配，确定各项固定资产的成本。

2.外购固定资产的账务处理

外购固定资产的账务处理，根据购入的固定资产情况和付款情况分为以下 3 种情形。

（1）购入不需要安装的固定资产

借：固定资产

　　应交税费——应交增值税（进项税额）

　　贷：银行存款等

（2）购入需要安装的固定资产

<1> 购入时

借：在建工程

　　应交税费——应交增值税（进项税额）

　　贷：银行存款

<2> 发生安装费用时

借：在建工程

　　贷：银行存款

　　　　原材料

　　　　应付职工薪酬等

<3> 安装完成交付使用时

借：固定资产

　　贷：在建工程

（3）分期付款购买固定资产

分期付款购买固定资产且在合同中规定的付款期限比较长，超过了正常信用条件（通常在 3 年或以上）时，实质上具有融资性质，固定资产的成本应该以购买价款的现值为基础确定。实际支付的价款和购买价款的现值之间的差额，应当在信用期间内采用实际利率法进行摊销，摊销金额除满足借款费用资本化条件的应当计入固定资产成本外，均应当在信用期间确认为财务费用，计入当期损益。

（三）自行建造固定资产业务核算

自行建造固定资产按建造该项资产达到预定可使用状态前所发生的必要支出，作为入账价值。

自行建造固定资产按照建造的方式分为自营方式和出包方式。其中，自营方式应当按照直接材料、直接工资、直接机械施工费等计量；出包方式应按照应支付的工程价款等计量。

1. 自营方式建造固定资产的成本核算

（1）自营方式建造固定资产的成本核算内容

自营方式建造固定资产的成本核算内容包括工程用物资成本、人工成本、缴纳的相关税费、应予资本化的借款费用、应分摊的间接费用。

① 企业为建造固定资产准备的各种物资，应当按照实际支付的买价、运输费、保险费等相关税费作为实际成本。

② 工程完工后剩余的工程物资，如转作本企业存货，应按其实际成本或计划成本进行结转。

借：原材料等

　　贷：工程物资

③ 对于盘亏、报废、毁损的工程物资，减去残料价值（原材料）及保险公司、过失人等赔款（其他应收款）后的差额：

● 工程项目尚未完工的，计入或冲减工程项目的成本。

● 工程项目已经完工的，计入当期营业外收入或营业外支出。

● 非常原因造成的工程物资的盘亏、报废、毁损，直接计入营业外支出。

（2）自营方式建造固定资产的账务处理

第 1 步　购入工程物资（用于生产经营用固定资产）。

借：工程物资（价、费）

　　应交税费——应交增值税（进项税额）

　　　贷：银行存款等

第 2 步　领用工程物资。

借：在建工程

　　贷：工程物资

第 3 步　在建工程领用生产用材料。

借：在建工程

　　贷：原材料等

第 4 步　在建工程领用本企业生产的产品。

借：在建工程

　　贷：库存商品

第 5 步　结转工程人员薪酬。

借：在建工程

　　贷：应付职工薪酬等

第 6 步　结转应由在建工程负担的辅助车间提供的劳务。

借：在建工程

　　贷：生产成本——辅助生产成本

第 7 步　自营工程达到预定可使用状态。

借：固定资产

　　贷：在建工程

第 8 步　将剩余工程物资转为企业存货。

借：原材料

　　贷：工程物资

2. 出包方式建造固定资产的成本核算

（1）出包方式建造固定资产的成本核算内容

$$入账价值 = 建筑工程支出 + 安装工程支出 + 分摊的待摊支出$$

$$待摊支出分配率 = 累计发生的待摊支出 \div （建筑工程支出 + 安装工程支出）$$

$$应分配的待摊支出 = 某工程的建筑（安装）工程支出 \times 待摊支出分配率$$

其中，待摊支出是指在出包工程过程中可能还会发生一些共同的支出，包括管理费，可行性研究费用，临时设施费，公证费，监理费，应负担的税金，符合资本化条件的借款费用，建设期间发生的工程物资盘亏、报废及毁损净损失，以及负荷联合试车费等。

（2）出包方式建造固定资产的账务处理

① 所建造的固定资产已达到预定可使用状态，但尚未办理竣工决算的，应当自达到预定可使用状态之日起，根据工程预算、造价或工程实际成本等，按估计的价值转入固定资产，并按规定计提固定资产折旧，待办理了竣工决算手续后再做调整，但对前期已提折旧额不需要调整。

② 试车净支出发生时应追加工程成本，试车净收入应冲减工程成本。企业的在建工程在达到预定可使用状态前，因进行负荷联合试车而形成的能够对外销售的产品，其发生的成本计入在建工程成本；销售或转为库存商品时，按其实际销售收入或预计售价冲减在建工程成本。

③ 单项或单位工程报废或毁损的净损失：

● 在工程项目尚未达到预定可使用状态时，计入工程成本。

● 工程项目已达到预定可使用状态，属于筹建期间的，计入管理费用；不属于筹建期间的，计入营业外支出。

● 如果为非正常原因造成的报废或毁损，或者工程项目全部报废或毁损的，则应将其净损失列入营业外支出。

④ 出包方式建造固定资产的账务处理如下。

第 1 步　预付工程款时。

借：预付账款

　　贷：银行存款

第 2 步　结算工程款或直接支付工程款时。

借：在建工程

　　贷：预付账款、银行存款

第 3 步　发生待摊支出时。

借：在建工程——待摊支出

　　贷：银行存款

　　　　应付职工薪酬等

第 4 步　固定资产达到预定可使用状态时。

借：固定资产——××厂房、设备等

　　贷：在建工程——建筑工程

　　　　在建工程——安装工程

　　　　在建工程——待摊支出

（四）固定资产折旧业务核算

固定资产折旧是指在固定资产使用寿命内，按照确定的方法对应计折旧额进行系统分摊。固定资产使用寿命是指固定资产预期使用的期限。有些固定资产的使用寿命也可以用该资产所能生产的产品或提供的服务的数量来表示。固定资产应计折旧额是指应当计提折旧的固定资产的原价扣除其预计净残值后的金额。其计算公式为：

$$应计折旧额 = 原价 - 预计净残值 - 已计提减值准备的金额$$

已计提减值准备的固定资产，还应当扣除已计提的固定资产减值准备金额。计提折旧应考虑的因素有固定资产应提折旧总额、固定资产预计使用寿命、固定资产折旧方法等。

1. 固定资产计提折旧的范围

（1）除以下情况外，企业应对所有固定资产计提折旧

① 已提足折旧仍继续使用的固定资产。

② 按规定单独作价作为固定资产入账的土地。

③ 改扩建期间的固定资产。

④ 提前报废的固定资产。

（2）固定资产开始和停止计提折旧的时间

① 企业应按月计提折旧，当月增加的固定资产，当月不计提折旧，从下月起计提折旧；当月减少的固定资产，当月照提折旧，从下月起不计提折旧。

② 固定资产提足折旧后，均不再计提折旧。

③ 提前报废的固定资产，不再补提折旧。

（3）计提折旧范围的认定中易出错的项目

① 未使用、不需用的固定资产需要计提折旧，而且折旧费用记入"管理费用"账户。

② 因大修理而停工的固定资产需要计提折旧，但折旧费用按正常的方式处理，即不一定记入"管理费用"账户。

③ 替换设备要计提折旧。

2. 固定资产的折旧方法

固定资产的折旧方法如图 6-1 所示。

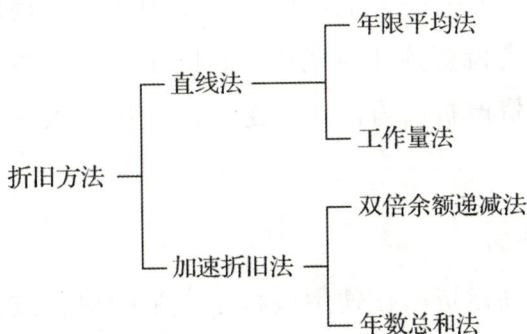

图 6-1　固定资产的折旧方法

（1）年限平均法

$$年折旧额 = （固定资产原始价值 - 预计净残值）÷ 预计使用年限$$

$$年折旧率 = 年折旧额 ÷ 原始价值 = （1 - 预计净残值率）÷ 预计使用年限$$

$$月折旧率 = 年折旧率 ÷ 12$$

$$月折旧额 = 年折旧额 ÷ 12$$

$$= 月初固定资产原始价值 × 月折旧率$$

（2）工作量法

$$单位工作量折旧额 = （固定资产原始价值 - 预计净残值）÷ 预计的工作量总数$$

$$月折旧额 = 当月实际工作量 × 单位工作量折旧额$$

（3）双倍余额递减法

$$年折旧率 = 2 ÷ 预计使用年限$$

$$年折旧额 = 固定资产年初账面净值 × 年折旧率$$

在应用这种方法计算折旧额时，不能使固定资产的账面价值降到它的预计净残值以下。因此，最后两年将固定资产账面净值扣除预计净残值后的余额平均摊销，即改为直线法。

（4）年数总和法

$$各年折旧率 = 各年尚可使用年数 \div 预计使用寿命的年数总和 \times 100\%$$

$$= （固定资产预计使用年限 - 已使用年数）\div [预计使用年限 \times$$

$$（预计使用年限 +1）\div 2] \times 100\%$$

$$折旧额 = （固定资产原始价值 - 预计净残值）\times 该年折旧率$$

固定资产计提折旧的账务处理如下。

借：制造费用（生产车间用）

管理费用（管理部门用）

销售费用（专设销售部门用）

在建工程（在建工程用）

其他业务成本（其他业务成本）

贷：累计折旧

企业至少应当于每年年度终了，对固定资产的使用寿命、预计净残值和折旧方法进行复核。预计使用年限与原先估计数有差异的，应当调整固定资产使用年限；预计净残值预计数与原先估计数有差异的，应当调整预计净残值；与固定资产有关的经济利益预期消耗方式有重大改变的，应当改变固定资产折旧方法。固定资产使用年限、预计净残值和折旧方法的改变应当作为会计估计变更。

（五）固定资产的后续核算

固定资产后续支出是指固定资产在使用过程中发生的更新改造支出、修理费用等。企业对固定资产定期检查发生的大修理费用，有确凿证据表明符合固定资产确认条件的，可以计入固定资产成本；不符合固定资产确认条件的应当费用化，计入当期损益。固定资产在定期大修理间隔期间，照提折旧。

1. 会计处理原则

与固定资产有关的更新改造等后续支出，符合固定资产确认条件的，应当计入固定资产成本，同时应当终止确认被替换部分的账面价值；不符合固定资产确认条件的，应当计入当期损益。

2. 后续支出的账务处理

（1）费用化的后续支出

与固定资产有关的修理费用等后续支出，不符合固定资产确认条件的，应当根据不同情况分别在发生时计入当期管理费用或销售费用等。企业生产车间和行政管理部门等发生的固定资产修理费用等后续支出记入"管理费用"账户；企业专设销售机构发生的相关固定资产修理费用等后续支出记入"销售费用"账户。

（2）资本化的后续支出

固定资产发生的资本化后续支出，应通过"在建工程"账户核算。

<1> 将固定资产转入改扩建时

借：在建工程
　　累计折旧
　　固定资产减值准备
　　贷：固定资产

<2> 发生改扩建支出时

借：在建工程
　　贷：应付职工薪酬
　　　　原材料
　　　　银行存款等

<3> 达到预定可使用状态时

借：固定资产
　　贷：在建工程

达到预定可使用状态的固定资产应按重新确定的原价、使用寿命、预计净残值和折旧方法计提折旧。

（六）固定资产处置业务核算

1. 固定资产的终止确认

固定资产满足下列条件之一的，应当予以终止确认。

① 该固定资产处于处置状态。固定资产处置包括固定资产的出售、转让、报废或毁损、对外投资、非货币性资产交换、债务重组等。

② 该固定资产预期通过使用或处置不能产生经济利益。

2. 固定资产处置的会计处理

（1）会计处理原则

固定资产处置应分以下情况处理。

① 企业出售、转让划归为持有待售类别的，按照持有待售非流动资产、处置的相关内容进行账务处理。

② 未划归为持有待售类别而出售、转让的，通过"固定资产清理"账户归集所发生的损益，其产生的利益或损失转入"资产处置损益"账户，计入当期损益。

③ 固定资产因报废毁损等原因而终止确认的，通过"固定资产清理"账户归集所发生的损益，其产生的利得或损失计入营业外收入或营业外支出。

（2）账户设置

除固定资产盘亏应通过"待处理财产损溢"账户核算外，其他固定资产处置一般应通过"固定资产清理"账户核算。"固定资产清理"账户借方登记处置固定资产的账面价值、发生的清理费用、应缴纳的相关税金、结转固定资产处置的净收益，贷方登记取得的转让收入、残料收入及向保险公司等收取的赔款、结转固定资产处置的净损失；如果有借方余额，则表示尚未清理完毕的固定资产清理损失。

（3）固定资产处置损益的确定

固定资产处置损益的计算公式为：

固定资产处置损益＝处置固定资产所取得的收入－固定资产账面价值－发生的清理费用

其中，处置固定资产所取得的收入包括出售价款、残料变价收入、保险及过失人赔款等；发生的清理费用包括处置固定资产时发生的拆卸、搬运、整理等费用。

（4）固定资产处置的账务处理

固定资产处置的账务处理如下。

第1步　将固定资产转入清理。

借：固定资产清理
　　固定资产减值准备
　　累计折旧
　　贷：固定资产

第2步　发生的清理费用。

借：固定资产清理
　　贷：银行存款

第3步　取得变价收入。

借：银行存款等
　　贷：固定资产清理
　　　　应交税费——应交增值税（销项税额）

第4步　保险赔偿的处理。

借：其他应收款／银行存款等
　　贷：固定资产清理

第5步　清理完毕，结转固定资产清理净损益。

固定资产清理净损益依据固定资产处置方式的不同进行处理：因已丧失使用功能（如正常报废清理）或因自然灾害发生毁损等而报废清理产生的利得或损失应计入营业外收支；因出售、转让等产生的固定资产处置利得或损失应计入资产处置损益。

<1> 属于生产经营期间正常报废清理的处理净损失

借：营业外支出——处置非流动资产损失
　　贷：固定资产清理

<2> 属于自然灾害等非正常原因造成的损失

借：营业外支出——非常损失
　　贷：固定资产清理

<3> 出售、转让等原因造成的损失（人为原因）

借：资产处置损益

　　贷：固定资产清理

第 6 步　清理完毕，结转固定资产清理净收益。

<1> 固定资产清理完成后的生产经营期间净收益，因已丧失使用功能（如正常报废清理）或因自然灾害等进行清理

借：固定资产清理

　　贷：营业外收入

<2> 出售、转让等原因产生的净收益（人为原因）

借：固定资产清理

　　贷：资产处置损益

注意，筹建期间产生的净收益，冲减"管理费用"账户。

三、任务实施

（一）业务流程

业务流程如图 6-2 所示。

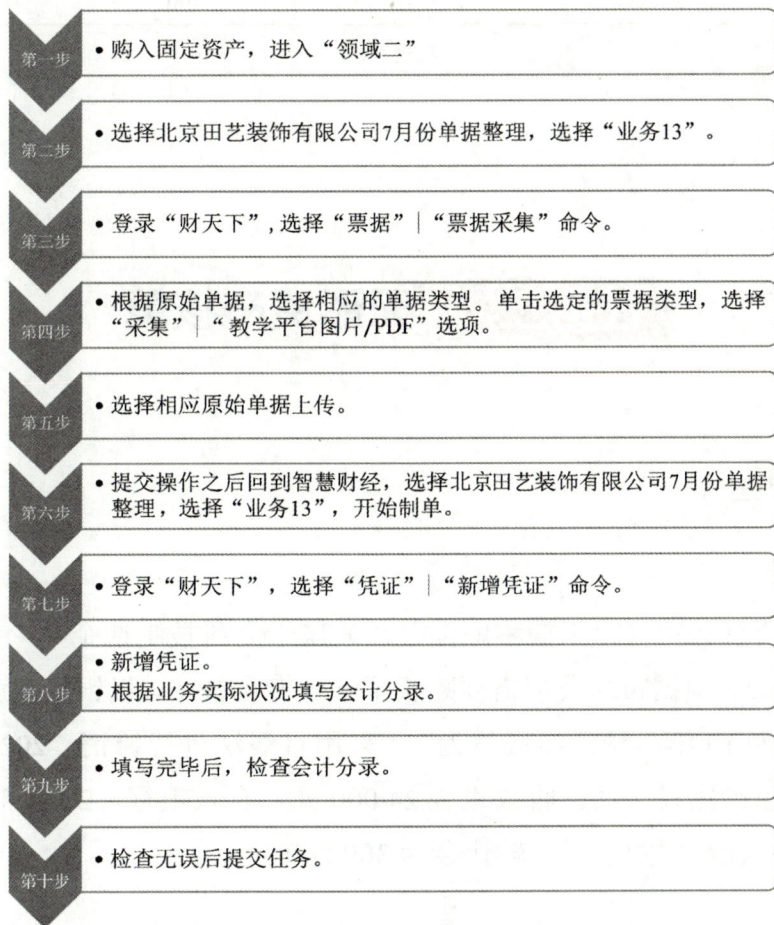

第一步	• 购入固定资产，进入"领域二"
第二步	• 选择北京田艺装饰有限公司7月份单据整理，选择"业务13"。
第三步	• 登录"财天下"，选择"票据"｜"票据采集"命令。
第四步	• 根据原始单据，选择相应的单据类型。单击选定的票据类型，选择"采集"｜"教学平台图片/PDF"选项。
第五步	• 选择相应原始单据上传。
第六步	• 提交操作之后回到智慧财经，选择北京田艺装饰有限公司7月份单据整理，选择"业务13"，开始制单。
第七步	• 登录"财天下"，选择"凭证"｜"新增凭证"命令。
第八步	• 新增凭证。 • 根据业务实际状况填写会计分录。
第九步	• 填写完毕后，检查会计分录。
第十步	• 检查无误后提交任务。

图 6-2　业务流程

（二）任务操作

任务操作图解　　任务操作视频 1　　任务操作视频 2

四、任务评价

根据任务要求实施并完成任务后，请填写本任务评价表，如表 6-1 所示。

表 6-1　任务评价表

序　号	任务清单	分值 / 分	完成度	得分 / 分
1	了解固定资产的概念及分类	10		
2	掌握外购固定资产业务核算	15		
3	掌握自营方式建造固定资产业务核算	15		
4	掌握出包方式建造固定资产业务核算	15		
5	掌握固定资产折旧业务核算	15		
6	掌握固定资产后续支出业务核算	15		
	合　计	100		

五、任务练习

任务练习与解答

任务二　无形资产核算

一、任务情境

（一）任务场景

河南顺强有限责任公司（以下简称顺强公司）属于高科技制造企业，为增值税一般纳税人。2021 年 4 月 15 日，根据市场发展需要购买了一项专利技术，以银行存款支付 600 000 元。专利技术使用寿命为 10 年，预计净残值为 0，采用直线法进行摊销。2022 年 4 月，顺强公司将该专利技术出租给顺发公司，收取租金 24 000 元，存入银行。2022 年 12 月 2 日，顺强公司将该专利技术转让给同业公司，转让金为 300 000 元。

（二）任务布置

根据顺强公司的有关无形资产资料，对其购买的专利技术进行账务处理。

二、知识准备

（一）无形资产概述

无形资产是指企业拥有或控制的没有实物形态的可辨认非货币性资产。可辨认是指能够从企业中分离或划分出来，并且能单独或与相关合同、资产或负债一起，用于出售、转移、授予许可、租赁或交换。

1. 无形资产的特征

① 由企业拥有或控制并能为其带来未来经济利益的资源。

② 无形资产不具有实物形态。

③ 无形资产具有可辨认性。

④ 无形资产属于非货币性资产。

2. 不应确认为无形资产的情形

不应确认为无形资产的情形包括：第一，客户关系、人力资源等，由于企业无法控制其带来的未来经济利益，因此不符合无形资产的定义；第二，内部产生的品牌、报刊名、刊头等，因为其成本不能可靠地计量。

3. 无形资产的分类

无形资产可分为专利权、非专利技术、商标权、著作权、特许权、土地使用权等。由于商誉不具有可辨认性，因此不属于无形资产。

① 专利权是指国家专利主管机关依法授予发明创造专利申请人，对其发明创造在法定期限内所享有的专有权利。

② 非专利技术是指不为外界所知、在生产经营活动中已采用的、不享有法律保护的、可以带来经济效益的各种技术和诀窍。

③ 商标权是指企业拥有在某类指定的商品上使用特定名称或图案的权利。

④ 著作权是指著作者或文艺作品创作者及出版商依法享有的在一定年限内发表、制作、出版和发行其作品的专有权利。

⑤ 特许权是指企业经批准在某一地区以一定的形式生产经营或销售某种特定商品或提供某种特定服务的权利，或者是一家企业接受另一家企业使用其商标、商号、技术秘密等的权利。

⑥ 土地使用权是指经国家土地管理机关批准享有的在一定期间对国有土地开发、利用和经营的权利。

4. 无形资产初始计量

无形资产同时满足以下条件的，才能予以确认。

① 符合无形资产的定义。

② 与该无形资产有关的经济利益很可能流入企业。

③ 该无形资产的成本能够可靠地计量。

企业在取得无形资产时应当按照成本进行初始计量。无形资产的成本是指取得无形资产并使之达到预定用途而发生的全部支出。取得无形资产的成本应根据取得来源确定，分为从外部取得的无形资产和内部研究开发的无形资产。

（1）从外部取得的无形资产

<1> 外购无形资产

外购无形资产的成本构成有购买价款、相关税费、直接归属于使该项资产达到预定用途所发生的其他支出等，包括为引入新产品（无形资产）进行宣传发生的广告费、管理费用和其他间接费用。

<2> 投资者投入的无形资产

投资者投入的无形资产应当按照投资合同或协议约定的价值确定，但合同或协议约定价值不公允的除外。

企业收到投资者投入的无形资产时的账务处理如下。

借：无形资产

应交税费——应交增值税（进项税额）

贷：实收资本（或股本）

资本公积——资本溢价（或股本溢价）

<3> 土地使用权

企业取得的土地使用权通常应当按照取得时所支付的价款及相关税费确认为无形资产。土地使用权用于自行建造厂房等建筑物时，相关的土地使用权账面价值不转入在建工程成本，土地使用权与建筑物分别进行摊销和计提折旧；房地产开发企业取得的土地使用权用于建造对外出售的房屋建筑物，相关的土地使用权应当计入所建造的房屋建筑物成本。

（2）内部研究开发的无形资产

对于公司内部研究与开发的费用，有3种会计处理方法：一是全部费用化；二是全部资本化；三是有选择的资本化。研究阶段与开发阶段的划分如下。

● 研究阶段。研究是指为获取并理解新的科学或技术知识而进行的独创性的有计划调查。其特点为计划性和探索性。

● 开发阶段。开发是指在进行商业性生产或使用前，将研究成果或其他知识应用于某项计划或设计，以生产出新的或具有实质性改进的材料、装置、产品等。其特点是针对性和形成成果的可能性较大。

研究阶段与开发阶段的区别如表 6-2 所示。

表 6-2　研究阶段与开发阶段的区别

不同点	研究阶段	开发阶段
目标不同	研究阶段一般目标不具体、不具有针对性	开发阶段多是针对具体目标、产品、工艺等
对象不同	研究阶段一般很难具体到特定项目上	开发阶段往往形成对象化的成果
风险不同	研究阶段的成功概率很难判断，风险比较大	开发阶段的成功率较高，风险相对较小
结果不同	研究阶段的结果多是研究报告等基础性成果	开发阶段的结果多是具体的新技术、新产品等

<1> 开发支出资本化的条件

开发阶段的支出，同时满足以下条件的，才能确认为无形资产：完成该无形资产以使其能够使用或出售在技术上具有可行性；具有完成该无形资产并使用或出售的意图；无形资产产生经济利益的方式，包括能够证明运用该无形资产生产的产品存在市场或无形资产自身存在市场；有足够的技术、财务和其他资源支持，以完成该无形资产的开发，并有能力使用或出售该无形资产；归属于该无形资产开发阶段的支出能够可靠地计量。

<2> 内部研究开发费用的账务处理

研究阶段的支出应全部费用化并计入当期损益（管理费用）。对于开发阶段的支出，符合资本化条件的确认为无形资产；不符合资本化条件的计入当期损益。无法区分研究阶段和开发阶段的支出应在发生时全部费用化，计入当期损益（管理费用）。其具体账务处理如下。

第 1 步　发生支出时。

借：研发支出——费用化支出
　　研发支出——资本化支出
　　贷：原材料
　　　　应付职工薪酬
　　　　银行存款等

第 2 步　期末结转费用化支出。

借：管理费用
　　贷：研发支出——费用化支出

第 3 步　开发项目达到预定用途形成无形资产时。

借：无形资产
　　贷：研发支出——资本化支出

5. 无形资产后续计量

（1）无形资产使用寿命

无形资产使用寿命分为使用寿命有限的无形资产和使用寿命不确定的无形资产。对于使用寿命有限的无形资产，应当估计该使用寿命的年限或使用寿命期的产量；对于使用寿命不确定的无形资产，企业根据可获得的情况判断，无法合理估计使用寿命的无形资产，应作为使用寿命不确定的无形资产进行核算。

<1> 应按照以下类别确定无形资产使用寿命

第一，来源于合同性权利或其他法定权利的无形资产，其使用寿命不应超过合同性权利或其他法定权利的期限。如果续约不需要付出大额成本，则续约期计入使用寿命。

第二，合同或法律没有规定使用寿命的无形资产，其使用寿命应当综合各方面情况判断，以确定无形资产能为企业带来未来经济利益的期限。

第三，按上述方法仍无法合理确定无形资产为企业带来经济利益期限的无形资产，应将该项无形资产作为使用寿命不确定的无形资产确认。

<2> 无形资产使用寿命的复核

企业至少应当于每年年度终了，对使用寿命有限的无形资产的使用寿命进行复核，如果有证据表明其使用寿命不同于以前估计，则应改变其摊销年限，并按照会计估计变更进行处理；对于使用寿命不确定的无形资产，如果有证据表明其使用寿命是有限的，则应按照会计估计变更处理，并按照《企业会计准则第 6 号——无形资产》中关于使用寿命有限的无形资产的处理原则进行处理。

（2）无形资产摊销

<1> 使用寿命有限的无形资产摊销

使用寿命有限的无形资产应在其预计的使用寿命内采用系统合理的方法对应摊销金额进行摊销。无形资产的应摊销金额是无形资产的成本扣除预计净残值后的金额。已计提减值准备的无形资产，还应扣除已计提减值准备的金额。

- 摊销期间。自可供使用时开始至终止确认时止。当月增加的无形资产，当月开始摊销；当月减少的无形资产，当月不再摊销。
- 摊销方法。依据获取未来经济利益的预期消耗的方式来选择，并一致地运用于不同会计期间。无法可靠确定经济利益的预期消耗方式的，应当采用直线法摊销。
- 应摊销金额。使用寿命有限的无形资产，其残值应当视为 0。但以下情况除外：一是有第三方承诺在无形资产使用寿命结束时购买该无形资产；二是可以根据活跃市场得到预计残值信息，并且该市场在无形资产使用寿命结束时很可能存在。其计算公式为：

$$应摊销金额 = 成本 - 预计净残值 - 已计提减值准备的金额$$

- 账务处理如下。

借：管理费用

　　制造费用等（专门用于生产产品）

　　其他业务成本

　　贷：累计摊销

<2> 使用寿命不确定的无形资产摊销

对于使用寿命不确定的无形资产，在持有期间内不需要摊销，但需要至少于每一会计期

末进行减值测试。按照《企业会计准则第 8 号——资产减值》的规定，需要计提减值准备的，应相应计提有关的减值准备。

6. 无形资产的处置

无形资产的处置主要是指无形资产出售、对外出租、对外捐赠，或者是无法为企业带来未来经济利益时，应终止确认并转销。

（1）无形资产出售时

借：银行存款

　　无形资产减值准备

　　累计摊销

　　贷：无形资产

　　　　应交税费——应交增值税（销项税额）

　　　　资产处置损益（或借）

（2）无形资产出租（转让无形资产使用权）时

<1> 取得的租金收入

借：银行存款

　　贷：其他业务收入

　　　　应交税费——应交增值税（销项税额）

<2> 摊销无形资产

借：其他业务成本

　　贷：累计摊销

　　　　银行存款

（3）无形资产报废时

无形资产预期不能为企业带来经济利益时，应当终止确认该无形资产并将账面价值予以转销，其账面价值计入当期损益（营业外支出）。

借：无形资产减值准备

　　累计摊销

　　营业外支出

　　贷：无形资产

三、任务实施

四、任务评价

任务操作详解

根据任务要求实施并完成任务后，请填写本任务评价表，如表 6-3 所示。

表 6-3　任务评价表

序　号	任务清单	分值 / 分	完成度	得分 / 分
1	了解无形资产的特征及分类	10		
2	掌握从外部取得的无形资产核算	30		
3	掌握内部研究开发形成的无形资产核算	30		
4	掌握无形资产后续计量的核算	30		
合　计		100		

五、任务练习

任务练习与解答

任务三　交易性金融资产核算

一、任务情境

（一）任务场景

河南顺强有限责任公司（以下简称顺强公司）为增值税一般纳税人。2021 年 1 月 10 日，购入兴华股份发行的普通股股票 10 000 股，确认为交易性金融资产。每股市价 3 元，包含已宣告但尚未发放的股利 1 元，支付手续费 500 元。2021 年 2 月 1 日，兴华股份宣告发放现金股利，每股 1 元。2021 年 2 月 5 日，兴华股份发放的股利到账。2021 年 6 月 31 日，兴华股份股票市价为 8 元。2021 年 7 月 5 日，顺强公司将持有的兴华股份股票卖出，售价 87 000 元。

（二）任务布置

根据顺强公司的有关交易性金融资产资料，对其购买的兴华股份的股票进行账务处理。

二、知识准备

（一）金融工具

金融工具是指形成一个企业的金融资产，并形成其他单位的金融负债或权益工具的合同。它通常是企业用于投资、融资、风险管理的工具。金融工具分为基本金融工具和衍生（金融）工具。其中，基本金融工具有现金、应收款项、应付款项、债券投资、股权投资等；衍生（金融）工具有金融期货、金融期权、金融互换、金融远期、净额结算的商品期货等。

（二）金融资产

1. 金融资产的概念

金融资产是指企业持有的现金、其他方的权益工具及符合下列条件之一的资产。

① 从其他方收取现金或其他金融资产的合同权利。例如，企业的银行存款、应收账款、应收票据和发放的贷款等均属于金融资产。

② 在潜在有利条件下，与其他方交换金融资产或金融负债的合同权利。例如，企业购入的看涨期权或看跌期权等衍生工具。

③ 将来需用或可用企业自身权益工具进行结算的非衍生工具合同，且企业根据该合同将收到可变数量的自身权益工具。

④ 将来需用或可用企业自身权益工具进行结算的衍生工具合同，但以固定数量的自身权益工具交换固定金额的现金或其他金融资产的衍生工具合同除外。

2. 金融资产的分类

企业应当根据其管理金融资产的业务模式和金融资产的合同现金流量特征，将金融资产划分为以下 3 类。

① 以公允价值计量且其变动计入其他综合收益的金融资产。企业管理该金融资产的业务模式既以收取合同现金流量为目标，又以出售该金融资产为目标。该金融资产的合同条款规定，在特定日期产生的现金流量，仅为对本金和以未偿付本金金额为基础的利息的支付。

② 以摊余成本计量的金融资产。企业管理该金融资产的业务模式以收取合同现金流量为目标。该金融资产的合同条款规定，在特定日期产生的现金流量，仅为对本金和以未偿付本金金额为基础的利息的支付。

③ 以公允价值计量且其变动计入当期损益的金融资产。企业应当将以摊余成本计量的金融资产和以公允价值计量且其变动计入其他综合收益的金融资产之外的金融资产，分类为以公允价值计量且其变动计入当期损益的金融资产。在初始确认时，如果能够消除或显著减少会计错配，则企业可以将金融资产指定为以公允价值计量且其变动计入当期损益的金融资产。

3. 金融资产的划分依据

① 企业管理金融资产的业务模式。企业管理金融资产的业务模式是指企业如何管理其金融资产以产生现金流量。业务模式决定了企业所管理金融资产现金流量的来源是收取合同现金流量、出售金融资产，还是两者兼有。

② 金融资产的合同现金流量特征。其特征是指金融工具合同约定的、反映相关金融资产经济特征的现金流量属性。

（三）以公允价值计量且其变动计入当期损益的金融资产

1. 账户设置

① 交易性金融资产——成本。该账户用来核算交易性金融资产的初始确认金额。

② 交易性金融资产——公允价值变动。该账户用来核算交易性金融资产在持有期间的公允价值变动金额。

③ 公允价值变动损益。该账户用来核算因公允价值变动而形成的应计入当期损益的利得或损失，借方登记资产负债表日金融资产的公允价值低于账面余额的差额，贷方登记资产负债表日金融资产的公允价值高于账面余额的差额。

2. 以公允价值计量且其变动计入当期损益的金融资产的计量

（1）初始计量

取得时按公允价值进行初始计量，交易费用计入当期损益（投资收益）。支付的价款中包含的已到期（宣告）但尚未发放的债券利息或现金股利，应单独确认为应收项目进行处理。

借：交易性金融资产——成本　　　（公允价值）

　　投资收益　　　　　　　　　（交易费用）

　　应收股利或应收利息　　　　（已宣告但尚未发放）

　　贷：银行存款等　　　　　　　（实际支付的金额）

（2）后续计量

按公允价值进行后续计量，公允价值变动计入当期损益持有期间取得的利息或现金股利确认为投资收益。

<1> 持有期间取得现金股利或债券利息

■ 宣告时或计息时

借：应收股利或应收利息

　　贷：投资收益

■ 实际发放时

借：银行存款

　　贷：应收股利或应收利息

<2> 资产负债表日

■ 公允价值高于其账面余额

借：交易性金融资产——公允价值变动

　　贷：公允价值变动损益

■ 公允价值小于其账面余额

借：公允价值变动损益

　　贷：交易性金融资产——公允价值变动

<3> 处置该金融资产

借：银行存款　　　　　　　　　　　　　（实际收到的金额）

　　贷：交易性金融资产——成本　　　　　（账面余额）

　　　　交易性金融资产——公允价值变动

　　　　投资收益　　　　　　　　　　　　（差额）

如果考虑增值税，则

借：投资收益

　　贷：应交税费

三、任务实施

四、任务评价

任务操作详解

根据任务要求实施并完成任务后，请填写本任务评价表，如表6-4所示。

表6-4　任务评价表

序　号	任务清单	分值/分	完成度	得分/分
1	了解金融工具和金融资产分类	20		
2	掌握以公允价值计量且其变动计入当期损益的金融资产的账户设置	20		
3	掌握以公允价值计量且其变动计入当期损益的金融资产核算	60		
合　计		100		

五、任务练习

任务练习与解答

期间费用业务核算

↘ **思政目标**

1. 细心认真，能正确区分和核算期间费用，不可造假。
2. 培养学生爱岗敬业、坚持准则的会计职业道德。

↘ **知识目标**

1. 了解期间费用的概念及其分类。
2. 掌握期间费用业务的核算。

↘ **技能目标**

1. 能够准确进行销售费用、管理费用及财务费用的核算。
2. 能依据各类业务单据编制相应的记账凭证。

任务一　销售费用核算

一、任务情境

（一）任务场景

佳成公司为增值税一般纳税人。2021年9月，销售部门发生以下业务：销售商品包装费3 000元；广告费45 000元；销售网点人员薪酬150 000元。均用银行存款支付。

（二）任务布置

对上述业务进行账务处理。

二、知识准备

（一）概念

销售费用是指企业销售商品和材料、提供劳务的过程中发生的各种费用，包括企业在销售商品过程中发生的包装费、广告费、专设的销售机构的职工薪酬等经营费用。

（二）账务处理

为了核算销售费用并考核销售费用预算的执行情况，应设置"销售费用"账户。它是损益类账户。

① 企业在销售商品过程中发生的包装费、广告费等费用，借记本账户，贷记"库存现金""银行存款"账户。

② 企业发生的专设的销售机构的职工薪酬等经营费用，借记本账户，贷记"应付职工薪酬""银行存款"等账户。

期末，应将本账户余额转入"本年利润"账户，结转后本账户应无余额。

课堂训练 7-1 佳成公司销售部本月共发生费用 200 000 元。其中，销售人员薪酬 100 000 元；销售部专用办公设备折旧费 30 000 元；业务费 70 000 元。均用银行存款支付。

（1）计提销售人员工资时

借：销售费用 　　　　　　　　　　　　　　　　　　　 100 000

　　贷：应付职工薪酬 　　　　　　　　　　　　　　　　　 100 000

（2）计提办公设备折旧费时

借：销售费用 　　　　　　　　　　　　　　　　　　　　 30 000

　　贷：累计折旧 　　　　　　　　　　　　　　　　　　　 30 000

（3）报销业务费用时

借：销售费用 　　　　　　　　　　　　　　　　　　　　 70 000

　　贷：银行存款 　　　　　　　　　　　　　　　　　　　 70 000

（4）月末结转销售费用时

借：本年利润 　　　　　　　　　　　　　　　　　　　 200 000

　　贷：销售费用 　　　　　　　　　　　　　　　　　　　 200 000

三、任务实施

佳成公司 9 月份销售部门发生业务的账务处理如下。

借：销售费用——包装费 　　　　　　　　　　　　　　　 3 000

　　贷：银行存款 　　　　　　　　　　　　　　　　　　　 3 000

借：销售费用——广告费 　　　　　　　　　　　　　　　 45 000

　　贷：银行存款 　　　　　　　　　　　　　　　　　　　 45 000

借：销售费用——工资 　　　　　　　　　　　　　　　 150 000

　　贷：应付职工薪酬 　　　　　　　　　　　　　　　　 150 000

四、任务评价

根据任务要求实施并完成任务后，请填写任务评价表，如表 7-1 所示。

表 7-1 任务评价表

序　号	任务清单	分值 / 分	完成度	得分 / 分
1	了解销售费用的概念	40		
2	掌握销售费用的账务处理	60		
	合　计	100		

五、任务练习

任务练习与解答

任务二　管理费用核算

一、任务情境

（一）任务场景

佳成公司为增值税一般纳税人。2021 年 9 月，管理部门发生以下业务：分公司筹办的开办费 100 000 元；诉讼费 5 000 元；管理部门人员薪酬 300 000 元；业务招待费 45 000 元。均用银行存款支付。

（二）任务布置

对上述业务进行账务处理。

二、知识准备

（一）概念

管理费用是指企业为组织和管理生产经营发生的各种费用，包括企业在筹建期间发生的开办费、诉讼费、部门人员工资、业务招待费等。企业生产车间（部门）和行政管理部门发生的固定资产修理费用等后续支出，应在发生时计入管理费用。

（二）账务处理

为了核算管理费用，应设置"管理费用"账户。它是损益类账户。

① 企业在筹建期间内发生的开办费、诉讼费等，借记本账户，贷记"库存现金""银行存款"等账户。

②　企业行政管理部门发生的人员职工薪酬、业务招待费等借记本账户，贷记"应付职工薪酬""银行存款"等账户。

期末，应将本账户余额转入"本年利润"账户，结转后本账户应无余额。

课堂训练 7-2　佳成公司 2021 年 6 月发生以下业务：1 日，以银行存款支付企业行政管理部门的开办费 900 元；10 日，企业行政管理部门发生诉讼费 590 元，以银行存款支付；18 日，企业行政管理部门发生业务招待费 2 000 元，用现金支出。

（1）借：管理费用——开办费　　　　　　　　　　　　　　　　900

　　　　　贷：银行存款　　　　　　　　　　　　　　　　　　　　900

（2）借：管理费用——诉讼费　　　　　　　　　　　　　　　　590

　　　　　贷：银行存款　　　　　　　　　　　　　　　　　　　　590

（3）借：管理费用——业务招待费　　　　　　　　　　　　　2 000

　　　　　贷：银行存款　　　　　　　　　　　　　　　　　　　2 000

三、任务实施

佳成公司 9 月份管理部门发生业务的账务处理如下。

借：管理费用——开办费　　　　　　　　　　　　　　　　100 000

　　贷：银行存款　　　　　　　　　　　　　　　　　　　　100 000

借：管理费用——诉讼费　　　　　　　　　　　　　　　　　5 000

　　贷：银行存款　　　　　　　　　　　　　　　　　　　　　5 000

借：管理费用——工资　　　　　　　　　　　　　　　　　300 000

　　贷：应付职工薪酬　　　　　　　　　　　　　　　　　　300 000

借：管理费用——业务招待费　　　　　　　　　　　　　　45 000

　　贷：银行存款　　　　　　　　　　　　　　　　　　　　45 000

四、任务评价

根据任务要求实施并完成任务后，请填写任务评价表，如表 7-2 所示。

表 7-2　任务评价表

序　号	任务清单	分值／分	完成度	得分／分
1	了解管理费用的概念	40		
2	掌握管理费用的账务处理	60		
	合　计	100		

五、任务练习

任务练习与解答

任务三　财务费用核算

一、任务情境

（一）任务场景

佳成公司为增值税一般纳税人。2021年9月，财务部门发生以下任务：利息支出30 000元；汇兑损失1 000元；向永大金融公司借款支付手续费35 000元。均用银行存款支付。

（二）任务布置

对上述业务进行账务处理。

二、知识准备

（一）概念

财务费用是指企业在筹集生产经营资金等财务活动中发生的各项费用，包括企业在经营期间发生的利息支出（减利息收入）、汇兑损失（减汇兑收益）、银行及其他金融机构手续费及因筹集资金而发生的其他财务费用。

（二）账务处理

为了核算财务费用并考核财务费用预算的执行情况，应设置"财务费用"账户，借方登记发生的各项财务费用，贷方登记发生的应冲减财务费用的利息收入、汇兑收益。期末余额转入"本年利润"账户的金额；本账户期末结转后无余额。该账户应按费用项目设置明细分类账户进行明细核算。

课堂训练 7-3 佳成公司2021年6月发生以下业务：2日，根据短期借款计划预提本月短期借款利息6 400元；7日，企业支付银行手续费500元；10日，企业收到银行存款利息收入490元；月末，将"财务费用"账户的余额结转"本年利润"账户。

（1）借：财务费用——利息支出　　　　　　　　　　　　　　　　6 400
　　　　贷：预提费用　　　　　　　　　　　　　　　　　　　　　　6 400
（2）借：财务费用——手续费　　　　　　　　　　　　　　　　　　500
　　　　贷：银行存款　　　　　　　　　　　　　　　　　　　　　　　500
（3）借：银行存款　　　　　　　　　　　　　　　　　　　　　　　490
　　　　贷：财务费用——利息支出　　　　　　　　　　　　　　　　　490
（4）借：本年利润　　　　　　　　　　　　　　　　　　　　　　6 410

　　　贷：财务费用　　　　　　　　　　　　　　　　　　　　　6 410

三、任务实施

佳成公司 9 月份财务部门发生业务的账户处理如下。

借：财务费用——利息支出费　　　　　　　　　　　　　30 000
　　贷：银行存款　　　　　　　　　　　　　　　　　　　　30 000
借：财务费用——汇兑损失　　　　　　　　　　　　　　1 000
　　贷：银行存款　　　　　　　　　　　　　　　　　　　　1 000
借：财务费用——手续费　　　　　　　　　　　　　　　35 000
　　贷：银行存款　　　　　　　　　　　　　　　　　　　　35 000

四、任务评价

根据任务要求实施并完成任务后，请填写任务评价表，如表 7-3 所示。

表 7-3　任务评价表

序　号	任务清单	分值 / 分	完成度	得分 / 分
1	了解财务费用的概念	40		
2	掌握财务费用的账务处理	60		
	合　计	100		

五、任务练习

任务练习与解答

单元八

财务清查业务核算

↘ **思政目标**

1. 细心认真，能够准确地进行财产清查，不造假。
2. 培养学生爱岗敬业、坚持准则的会计职业道德。

↘ **知识目标**

1. 了解财产清查的意义与种类。
2. 理解财产清查的一般程序，明白货币资金、存货和固定资产的清查方法。

↘ **技能目标**

1. 能够准确地对不同种类的财产进行清查。
2. 能依据各类业务单据编制调节表，对财产清查结果进行账务处理。

任务一 货币资金清查核算

一、任务情境

（一）任务场景

佳成公司按照企业财务制度的要求，每月月初进行货币资金清查。公司在实际开支过程中涉及货币资金、银行存款和其他货币资金几种情况。

（二）任务布置

货币资金清查应该如何开展？需要注意的事项有哪些？清查后的结果如何处理？

二、知识准备

（一）货币资金

1. 定义

货币资金是指企业拥有的，在企业生产经营过程中以货币形式存在的资产，包括库存现金、银行存款和其他货币资金。其流动性最强，可以直接用来购买货物、支付劳务和偿还债务。

（二）库存现金

1. 定义

库存现金是指存放于企业财会部门，由出纳人员经管的用于企业日常开支的货币。

2. 库存现金清查

库存现金清查是指清点库存中的现金，并将现金实存数与现金日记账上的余额进行核对。其目的在于检查是否存在挪用现金、白条抵库、超限额留存现金现象及账实是否相符等。

3. 清查方法

对库存现金一般采用实地盘点法，可以定期或不定期进行。清查结果登记在库存现金盘点报告表中。如果发现账实不符或其他问题，则应通过"待处理财产损溢——待处理流动资产损溢"账户核算，待查明原因并经主管负责人或上级领导部门批准后再分别处理。

4. 清查结果的处理

（1）现金溢余的账务处理

现金溢余是指现金实存数大于账面数。发现时，应按照溢余金额，借记"库存现金"账户，贷记"待处理财产损溢——待处理流动资产损溢"账户。查明原因并报经批准后，分情况做以下处理：如果属于应支付给有关人员或单位的现金的部分，则借记"待处理财产损溢——待处理流动资产损溢"账户，贷记"其他应付款——应付现金溢余"账户；如果属于无法查明原因的现金溢余的部分，则借记"待处理财产损溢——待处理流动资产损溢"账户，贷记"营业外收入——现金溢余"账户。

（2）现金短缺的账务处理

现金短缺是指现金实存数小于账面数。发现时，应按照短缺金额，借记"待处理财产损溢——待处理流动资产损溢"账户，贷记"库存现金"账户。查明原因并报经批准后，分情况做以下处理：如果属于应由责任人赔偿或保险公司赔偿的部分，则借记"其他应收款"账户，贷记"待处理财产损溢——待处理流动资产损溢"账户；如果属于无法查明原因的现金短缺的部分，则借记"管理费用——现金短缺"账户，贷记"待处理财产损溢——待处理流动资产损溢"账户。

（三）银行存款

1. 定义

银行存款是指企业存入银行或其他金融机构的各种存款，包括人民币和外币。通过"银行存款"账户来核算企业银行存款的增减变动，借方登记本期银行存款增加额，贷方登记本期银行存款减少额；期末余额在借方，表示银行存款实有数。

2. 银行存款清查

银行存款的清查是指将银行存款日记账的账面余额与其开户银行转来的对账单的余额进

行的核对。银行存款的清查主要从以下3个方面入手。

① 相互核对银行存款日记账与银行存款收、付款凭证，做到账证相符。

② 相互核对银行存款日记账与银行存款总账，做到账账相符。

③ 相互核对银行存款日记账与开户银行开出的对账单，做到账款相符，准确地掌握企业可以运用的银行存款实有数。

3. 清查结果处理

从理论上说，如果企业与银行记账均无差错，则企业银行存款日记账余额与银行对账单余额应当完全一致。如果企业银行存款日记账余额与银行对账单余额不一致，则应及时查找原因予以更正。银行对账单余额与企业银行存款日记账余额不一致的原因主要有以下两种：一是企业或银行记录有误；二是发生未达账项。

4. 未达账项的处理

未达账项是指由于企业与银行取得有关凭证的时间不同，而发生的一方已经取得凭证登记入账，另一方由于未取得凭证尚未入账的款项。其分为以下几种情况。

① 企业已经收款入账，而银行尚未收款入账的账项。

② 企业已经付款入账，而银行尚未付款入账的账项。

③ 银行已经收款入账，而企业尚未收款入账的账项。

④ 银行已经付款入账，而企业尚未付款入账的账项。

一般情况下，我们通过银行存款余额调节表进行未达账项的处理，如表8-1所示。

表8-1　银行存款余额调节表

年　月　日　　　　　　　　　　　　　　　　　　　　　　元

项　目	金　额	项　目	金　额
银行对账单余额		企业银行存款日记账余额	
＋企业已收，银行未收		＋银行已收，企业未收	
－企业已付，银行未付		－银行已付，企业未付	
调节后的存款余额		调节后的存款余额	

银行存款余额调节表的作用是检查企业和银行双方的记账是否存在差错，不能作为记账的依据。

三、任务实施

本任务中的佳成公司财务制度健全，此次清查属于定期清查，需要组织专门人员进行。一般来说，先进行库存现金清查，再进行银行存款清查，最后进行清查结果的处理。具体工作流程如下。

第1步　建立财产清查组织。

第2步　组织清查人员学习有关政策，掌握有关法律、法规和相关业务知识，以提高货币资金清查工作的质量。

第 3 步 确定清查对象、范围，明确清查任务。

第 4 步 制订清查方案，具体安排清查内容、时间、步骤、方法，以及做必要的清查前准备。

第 5 步 清查时本着先清查数量、核对有关账簿记录等，后认定质量的原则进行。

第 6 步 填制盘存清单。

第 7 步 根据盘存清单，填制库存现金盘点报告表、银行存款余额调节表。

四、任务评价

根据任务要求实施并完成任务后，请填写任务评价表，如表 8-2 所示。

表 8-2 任务评价表

序 号	任务清单	分值 / 分	完成度	得分 / 分
1	了解货币资金、库存现金、银行存款的概念	20		
2	掌握库存现金、银行存款清查方法	40		
3	掌握库存现金、银行存款清查后的账务处理	40		
	合 计	100		

五、任务练习

任务练习与解答

任务二　存货清查核算

一、任务情境

（一）任务场景

佳成公司按照企业财务制度的要求，每月月末进行存货清查。公司在实际生产经营过程中涉及原材料、在产品和库存商品几种情况。

（二）任务布置

存货清查应该如何开展？需要注意的事项有哪些？清查后的结果如何处理？

二、知识准备

（一）存货清查

1. 含义

存货清查是指通过对存货的实地盘点，确定存货的实存数，并与账面结存数核对，从而确定存货实存数与账面结存数是否相符的一种专门方法。

2. 方法

存货清查的方法主要是实地盘点法，即通过点数、过磅、测量、计算等方式清点存货的数量，并鉴定其质量。实地盘点法下本期存货减少数的计算公式为：

本期存货减少数＝期初存货结存数（上期结存数）＋本期存货增加数（平时账面记录数）－
期末存货结存数（期末实地盘点结果）

（二）核算账户

通过"待处理财产损溢"账户核算存货清查中查明的各种存货的盘盈、盘亏和毁损情况，借方登记本期各种存货的盘亏、毁损金额和批准转销的盘盈金额，贷方登记本期各种存货的盘盈金额和批准转销的盘亏金额；期末无余额。

（三）存货清查核算的账务处理

1. 存货盘盈的账务处理

企业存货发生盘盈（实存数＞账存数），主要是收发计量、核算错误等原因造成的。发生存货盘盈且未查明原因前，企业应按存货的市场价格，借记"原材料"等账户，贷记"待处理财产损溢——待处理流动资产损溢"账户；查明原因并经批准后，借记"待处理财产损溢——待处理流动资产损溢"账户，贷记"管理费用"账户。

2. 存货盘亏的账务处理

企业存货发生盘亏（实存数＜账存数），发生存货盘亏且未查明原因前，企业应按存货的账面成本，借记"待处理财产损溢——待处理流动资产损溢"账户，贷记"原材料""库存商品""应交税费——应交增值税（进项税额转出）"账户；查明原因并经批准后，借记"其他应收款"（保险公司或责任人赔偿）、"管理费用"（扣除应由他人承担的赔款后的一般因经营损失或管理不善导致的损失）、"营业外支出"（非常原因造成的净损失）账户，贷记"待处理财产损溢——待处理流动资产损溢"账户。

在存货清查的过程中，清查的盘盈、盘亏及其原因等结果逐项填入存货盘点报告表中，如表8-3所示。

表8-3 存货盘点报告表

企业名称：　　　　　　　　　年 月 日　　　　　　　仓库：

存货类别	名称规格	计量单位	数量		单价	盘盈		盘亏		盘亏原因
			账存	实存		数量	金额/元	数量	金额/元	

仓库主管：　　　　　　清查人：　　　　　　保管员：

三、任务实施

本任务中的佳成公司财务制度健全，此次清查属于定期清查，需要组织专门人员进行。一般来说，先进行原材料清查，再进行在产品清查，最后进行库存商品清查。待所有清查结束后，针对清查的结果进行处理。具体工作流程如下。

第 1 步　建立财产清查组织。

第 2 步　组织清查人员学习有关政策，掌握有关法律、法规和相关业务知识，以提高存货清查工作的质量。

第 3 步　确定清查对象、范围，明确清查任务。

第 4 步　制订清查方案，具体安排清查内容、时间、步骤、方法，以及做必要的清查前准备。

第 5 步　清查时本着先清查数量、核对有关账簿记录等，后认定质量的原则进行。

第 6 步　填制存货盘点报告表。

第 7 步　根据存货盘点报告表，填制实存账存对比表。

四、任务评价

根据任务要求实施并完成任务后，请填写任务评价表，如表 8-4 所示。

表 8-4　任务评价表

序　号	任务清单	分值 / 分	完成度	得分 / 分
1	了解存货的概念	20		
2	掌握存货的清查方法	40		
3	掌握存货清查后的账务处理	40		
	合　计	100		

五、任务练习

任务练习与解答

任务三　固定资产清查核算

一、任务情境

（一）任务场景

佳成公司按照企业财务制度的要求，每月月末进行固定资产清查。

（二）任务布置

固定资产清查应该如何开展？需要注意的事项有哪些？清查后的结果如何处理？

二、知识准备

（一）固定资产清查

1. 目的

固定资产在使用过程中可能会因客观或人为因素而出现账实不符，因此企业应定期或至少于每年年末对固定资产进行清查盘点，以保证固定资产核算的真实性，充分挖掘企业现有固定资产的潜力。

2. 方法

固定资产清查的方法主要是采用实地盘点法，即把固定资产卡片与实物进行核对。

（二）核算账户

1. 核算账户

固定资产清查核算主要通过"待处理财产损溢——待处理固定资产损溢"和"以前年度损益调整"账户进行。"待处理财产损溢——待处理固定资产损溢"账户借方登记本期各种固定资产的盘亏、毁损金额和批准转销的盘盈金额，贷方登记本期各种固定资产的盘盈金额和批准转销的盘亏金额；期末本账户无余额。"以前年度损益调整"账户借方登记调整减少以前年度利润或增加以前年度亏损，贷方登记企业调整增加以前年度利润或减少以前年度亏损；余额最终转入"利润分配——未分配利润"账户。

（三）账务处理

如果同类或类似固定资产存在活跃市场，则按同类或类似固定资产的市场价格减去按该项资产的新旧程度估计的价值损耗后的余额作为入账价值；如果同类或类似固定资产不存在活跃市场，则按该项固定资产的预计未来现金流量现值作为入账价值。

1. 盘盈固定资产

对于盘盈的固定资产，应按前期差错更正进行账务处理，借记"固定资产"账户，贷记"以前年度损益调整"账户。

2. 盘亏固定资产

发生固定资产盘盈且未查明原因前，企业应按固定资产的账面成本，借记"待处理财产损溢——待处理固定资产损溢"（账面净值）、"累计折旧"（已提折旧）账户，贷记"固定资产"（原始价值）账户。查明原因并经批准后，借记"其他应收款"（可收回的保险或过失人赔偿）、"营业外支出"（净损失）账户，贷记"待处理财产损溢——待处理固定资产损溢"账户。

在固定资产清查的过程中，将清查的盘盈、盘亏及其原因等结果逐项填入固定资产盘点表中，如表 8-5 所示。

表 8-5　固定资产盘点表

使用部门：　　　　　　　　　　　　　　　　　年　月　日

| 财产编号 | 固定资产 | | | 单位 | 登记卡数量 | 盘点数量 | 盘盈 | | 盘亏 | | 备注 |
	名　称	规　格	厂牌				数　量	金额/元	数　量	金额/元	

使用部门负责人：　　　　　　会点人：　　　　　　盘点人：　　　　　　制单：

三、任务实施

本任务中的佳成公司财务制度健全，此次清查属于定期清查，需要组织专门人员进行。一般来说，先进行清查，最后再对清查结果进行处理。具体工作流程如下。

第 1 步　建立财产清查组织。

第 2 步　组织清查人员学习有关政策规定，掌握有关法律、法规和相关业务知识，以提高固定资产清查工作的质量。

第 3 步　确定清查对象、范围，明确清查任务。

第 4 步　制订清查方案，具体安排清查内容、时间、步骤、方法，以及做必要的清查前准备。

第 5 步　清查时本着先清查数量、核对有关账簿记录等，后认定质量的原则进行。

第 6 步　填制固定资产盘点报告表。

第 7 步　根据固定资产盘点报告表，填制实存账存对比表。

四、任务评价

根据任务要求实施并完成任务后，请填写任务评价表，如表 8-6 所示。

表 8-6　任务评价表

序　号	任务清单	分值/分	完成度	得分/分
1	了解固定资产的概念	20		
2	掌握固定资产的清查方法	40		
3	掌握固定资产清查后的账务处理	40		
	合　计	100		

五、任务练习

任务练习与解答

财务成果业务核算

↘ 思政目标

1. 细心认真，能够正确认识财务成果，不造假。

2. 培养学生爱岗敬业、坚持准则的会计职业道德。

↘ 知识目标

1. 了解财务成果的意义与种类。

2. 掌握营业利润、利润总额、净利润的计算和损益类账户的结转。

↘ 技能目标

1. 能够准确地计算企业营业利润、利润总额、净利润的金额。

2. 能编制损益结转、本年利润结转、利润分配等相关业务的记账凭证。

3. 能够运用《企业会计准则》完成分配过程相关会计业务的处理。

任务一　利润形成核算

一、任务情境

（一）任务场景

佳成公司采用表结法结转本年利润，2021 年有关损益类账户的年末余额如表 9-1 所示。假设该公司 2021 年度不存在所得税纳税调整因素，所得税税率为 25%；年初未分配利润为410 000 元。

表 9-1　损益类账户的年末余额　　　　　　　　　　　　　　　　　　　　　　元

账　户	借方余额	贷方余额
主营业务收入		12 000 000
其他业务收入		1 400 000

（续表）

账　户	借方余额	贷方余额
主营业务成本	8 000 000	
其他业务成本	800 000	
税金及附加	160 000	
销售费用	1 000 000	
管理费用	1 540 000	
财务费用	400 000	
资产减值损失	200 000	
公允价值变动损益		300 000
投资收益		1 200 000
营业外收入		100 000
营业外支出	500 000	

（二）任务布置

利润形成业务核算，首先由总账核算岗位提供收入，费用，直接计入当期损益的利得、损失的总账数据，然后由利润核算岗位编制损益结转分录，编制并审核相关记账凭证，再由总账核算岗位根据审核后的记账凭证登记损益类相关账户及"本年利润"账户。

① 完成佳成公司损益类账户余额结转本年利润的账务处理。

② 计算佳成公司利润总额。

③ 计算佳成公司应缴所得税，并完成所得税费用的有关账务处理。

④ 计算佳成公司净利润，并将净利润结转至"利润分配"账户。

二、知识准备

（一）定义

利润是指企业在一定会计期间的经营成果。利润既是评价企业管理层业绩的一项重要指标，也是投资者等财务报告使用者进行决策时的重要参考依据，包括收入减去费用后的净额、直接计入当期利润的利得和损失等。

（二）确认条件

利润反映收入减去费用、直接计入当期利润的利得减去损失后的净额。利润的确认主要依赖于收入和费用，以及直接计入当期利润的利得和损失的确认。其金额的确定主要取决于收入、费用、利得、损失金额的计量。

（三）构成

1.营业利润

营业利润的计算公式为：

营业利润＝营业收入－营业成本－税金及附加－销售费用－管理费用－研发费用－

财务费用－信用减值损失－资产减值损失＋其他收益＋投资收益（－投资损失）＋

公允价值变动收益（－公允价值变动损失）＋资产处置收益（－资产处置损失）

式中，营业收入是指企业经营业务所确认的收入总额，包括主营业务收入和其他业务收入；营业成本是指企业经营业务所发生的实际成本总额，包括主营业务成本和其他业务成本；信用减值损失是指计提的坏账准备及金融资产计提减值准备形成的损失；资产减值损失是指企业存货、固定资产、无形资产等计提减值准备所形成的损失；其他收益是指与日常活动相关，除冲减相关成本费用以外的政府补助；投资收益（－投资损失）是指企业以各种方式对外投资所取得的收益（或发生的损失）；公允价值变动收益（－公允价值变动损失）是指企业交易性金融资产等公允价值变动形成的应计入当期损益的利得（或损失）；资产处置收益（－资产处置损失）是指企业生产经营期间处置固定资产、在建工程及无形资产等非流动资产而产生的利得（或损失）。

2.利润总额

利润总额的计算公式为：

利润总额＝营业利润＋营业外收入－营业外支出

式中，营业外收入是指企业发生的与其日常活动无直接关系的应计入当期损益的各项利得；营业外支出是指企业发生的与其日常活动无直接关系的应计入当期损益的各项损失。

3.净利润

净利润的计算公式为：

净利润＝利润总额－所得税费用

（四）结转本年利润的方法

会计期末结转本年利润的方法有表结法和账结法两种。

1.表结法

在表结法下，各损益类账户每月月末只需要结计出本月发生额和月末累计余额，不结转到"本年利润"账户，只有在年末时才将全年累计余额结转入"本年利润"账户。但每月月末要将损益类账户的本月发生额合计数填入利润表的本月金额栏，同时将本月月末累计余额填入利润表的本年累计金额栏，通过利润表计算反映各期的利润（或亏损）。

2.账结法

在账结法下，每月月末均需要编制转账凭证，将在账上结计出的各损益类账户的余额结转入"本年利润"账户。结转后"本年利润"账户的本月余额反映当月实现的利润或发生的亏损，"本年利润"账户的本年余额反映本年累计实现的利润或发生的亏损。

（五）结转本年利润的账务处理

企业应设置"本年利润"账户核算企业本年度实现的净利润（或发生的净亏损）。该账户属于所有者权益类账户。

1. 损益类账户余额转入本年利润

会计期末，将"主营业务收入""其他业务收入""营业外收入"等账户的余额分别转入"本年利润"账户的贷方，将"主营业务成本""其他业务成本""税金及附加""销售费用""管理费用""财务费用""资产减值损失""营业外支出""所得税费用"等账户的余额分别转入"本年利润"账户的借方。企业还应将"公允价值变动损益""投资收益"账户的净收益转入"本年利润"账户的贷方，将"公允价值变动损益""投资收益"账户的净损失转入"本年利润"账户的借方。结转后"本年利润"账户如为贷方余额，表示当年实现的净利润；如为借方余额，表示当年发生的净亏损。

2. 本年利润转入利润分配

年度终了，将"本年利润"账户的本年累计余额转入"利润分配——未分配利润"账户。"本年利润"如为贷方余额，借记"本年利润"账户，贷记"利润分配——未分配利润"账户；如为借方余额，做相反的账务处理。结转后"本年利润"账户应无余额。

三、任务实施

第 1 步　完成将各损益类账户年末余额结转入"本年利润"账户的有关账务处理。

① 结转各项收入、利得类账户至"本年利润"账户。

② 结转各项费用、损失类账户至"本年利润"账户。

第 2 步　计算佳成公司利润总额。

经过上述结转后，"本年利润"账户的贷方发生额合计 15 000 000 元减去借方发生额合计 12 600 000 元即为税前会计利润，即利润总额为 2 400 000 元。

第 3 步　计算佳成公司应缴所得税，并完成所得税费用的有关账务处理。

① 佳成公司 2021 年度应缴所得税税额 =2 400 000×25%=600 000（元）。

② 确认所得税费用。

③ 将所得税费用结转入"本年利润"账户。

四、任务评价

根据任务要求实施并完成任务后，请填写任务评价表，如表 9-2 所示。

表 9-2 任务评价表

序 号	任务清单	分值 / 分	完成度	得分 / 分
1	了解利润的概念、确认和构成	20		
2	掌握本年利润的结转方法	40		
3	掌握本年利润结转的账务处理	40		
合 计		100		

五、任务练习

任务练习与解答

任务二　利润分配核算

一、任务情境

（一）任务场景

佳成公司采用表结法结转本年利润，2021 年有关损益类账户的年末余额如表 9-3 所示。假设该公司 2021 年度不存在所得税纳税调整因素，所得税税率为 25%；年初未分配利润为 410 000 元，法定盈余公积的提取比例为 10%；按照公司章程任意盈余公积的提取比例为 6%；经股东大会决议，本年向股东分配的现金股利为 60 万元。

表 9-3　损益类账户的年末余额
元

账 户	借方余额	贷方余额
主营业务收入		12 000 000
其他业务收入		1 400 000
主营业务成本	8 000 000	
其他业务成本	800 000	
税金及附加	160 000	
销售费用	1 000 000	
管理费用	1 540 000	
财务费用	400 000	
资产减值损失	200 000	
公允价值变动损益		300 000
投资收益		1 200 000
营业外收入		100 000
营业外支出	500 000	

（二）任务布置

利润分配业务首先需要董事会制订利润分配方案后，交由股东会批准通过利润分配方案，再由利润核算岗位编制利润分配记账凭证，登记利润分配账簿，最后由总账核算岗位根据审核后的记账凭证登记总账。

① 计算佳成公司净利润，并将净利润结转至"利润分配"账户。

② 完成佳成公司提取盈余公积和向股东分配现金股利的账务处理。

③ 完成佳成公司年末未分配利润的结算。

二、知识准备

（一）定义

利润分配是指企业根据国家有关规定、企业章程和股东大会决议等，对企业净利润进行的分配。企业本年实现的净利润加上年初未分配利润为可供分配的利润。企业利润分配的主要内容和程序如下。

1. 弥补以前年度亏损

企业如果发生亏损，则既可以用以后年度实现的利润弥补，也可以用以前年度提取的盈余公积弥补。企业当年发生的亏损，也可以用以前年度结余的盈余公积来弥补。

企业用当年实现的利润弥补亏损，不需要单独编制会计分录进行账务处理。这是因为以前年度的亏损额，在弥补前表现为"利润分配——未分配利润"账户的年初借方余额，企业在年末将全年净利润自"本年利润"账户转入"利润分配——未分配利润"账户的贷方时就弥补了亏损。

2. 提取法定盈余公积

法定盈余公积按照企业本年实现净利润的一定比例提取，公司制企业（包括国有独资公司、有限责任公司和股份有限公司等）依据《中华人民共和国公司法》的规定，按净利润的10% 提取，其他企业可以根据需要确定比例，但至少按 10% 提取。法定盈余公积累计额已达注册资本的 50% 时可以不再提取。

3. 提取任意盈余公积

公司制企业提取法定盈余公积后，经过股东大会决议，可以按照企业本年实现净利润的一定比例提取任意盈余公积；其他企业也可以根据需要提取任意盈余公积。任意盈余公积的提取比例由企业视情况而定。

4. 向投资者分配利润

企业提取法定盈余公积以后可以按规定向投资者分配利润。

上述利润分配的顺序说明，企业在以前年度亏损未弥补完之前，不得提取盈余公积；企业在提取法定盈余公积之前（按规定可以不再提取法定盈余公积的情况除外），不得向投资者分配利润；企业以前年度未分配利润，可以并入本年向投资者分配。

（二）核算账户

1."利润分配"账户

"利润分配"账户用来核算企业利润的分配（或亏损的弥补）和历年分配（或弥补）后的余额。该账户借方登记企业已经分配的利润（包括提取法定盈余公积、提取任意盈余公积、分配现金股利或利润、转作股本的股利等）和年终结转的亏损总额，贷方登记企业以盈余公积弥补的亏损和年终结转的净利润总额；如果年末余额在贷方，则为年末未分配利润；如果在借方，则为年末未弥补亏损。

"利润分配"账户应当分别设置"提取法定盈余公积""提取任意盈余公积""应付现金股利或利润""转作股本的股利""盈余公积补亏""未分配利润"等明细账户进行明细核算。

2."利润分配——未分配利润"明细账户

企业未分配利润通过"利润分配"账户进行账务处理。年终应将全年净利润从"本年利润"账户转入"利润分配——未分配利润"明细账户，年终结转以后"本年利润"账户应无余额。企业分配本年净利润以后，应将"利润分配"账户所属的其他明细账户余额转入"利润分配——未分配利润"明细账户。年终结转后，除"利润分配——未分配利润"明细账户以外，"利润分配"账户所属的其他明细账户应无余额。"利润分配"总账如果有余额，则其余额与所属"未分配利润"明细账户余额完全一致。也就是说，企业年末未分配利润是通过"利润分配——未分配利润"明细账户计算出来的。未分配利润是企业的留存收益，属于所有者权益。

（三）账务处理

1.弥补亏损

企业发生的经营亏损，应当由企业自行弥补。企业以前年度发生的亏损，可以用当年实现的利润来弥补；企业当年发生的亏损，也可以用以前年度结余的盈余公积来弥补。

例如，年末结转全年净利润以后，"利润分配——未分配利润"账户的余额由年初的借方余额 120 000 元变成了贷方余额 90 000 元，即本年在弥补上年亏损后的净利润为 90 000 元。

2.提取盈余公积

在弥补亏损以后，企业应当按照有关规定提取法定盈余公积。企业除提取法定盈余公积以外，还可以按照公司章程和投资者大会的决议，提取任意盈余公积。

3.向投资者分配利润

企业宣告向投资者分配现金股利（或利润），形成企业的一项负债，即应付利润。企业分配给股东的股票股利，在按规定办理增资手续以后，增加股本。

（四）年末未分配利润的结算

年末未分配利润的计算公式为：

年末未分配利润＝年初未分配利润＋本年净利润－本年已分配利润

注意，年度终了，"本年利润"账户余额转入"利润分配——未分配利润"账户后无余额；根据利润总额计算所得税，将所得税费用余额结转至"本年利润"账户后"所得税费用"账户无余额；如果以前年度有亏损，则要先弥补以前年度亏损后再提取法定盈余公积、任意盈余公积。

三、任务实施

第 1 步　计算佳成公司净利润，并将净利润结转至"利润分配"账户。

① 佳成公司 2021 年净利润 =2 400 000-600 000=1 800 000（元）。

② 将"本年利润"账户年末余额 1 800 000（2 400 000-600 000）元转入"利润分配——未分配利润"账户。

第 2 步　佳成公司提取法定盈余公积、任意盈余公积和向股东分配现金股利的账务处理。

① 佳成公司提取法定盈余公积、任意盈余公积。

② 佳成公司向股东分配现金股利。

第 3 步　年末未分配利润的结算。

① 佳成公司年末将"利润分配"账户所属"提取法定盈余公积""提取任意盈余公积""应付利润"等明细账户余额转入"利润分配——未分配利润"明细账户，编制会计分录。

② 佳成公司年末未分配利润=年初未分配利润+本年净利润-本年已分配利润=410 000+1 800 000-888 000=1 322 000（元）。

四、任务评价

根据任务要求实施并完成任务后，请填写任务评价表，如表 9-4 所示。

表 9-4　任务评价表

序　号	任务清单	分　值	完成度	得　分
1	了解利润分配的定义、核算账户	20		
2	掌握利润分配的账务处理	60		
3	掌握未分配利润的结算	20		
合　计		100		

五、任务练习

任务练习与解答

单元十

财务报表编制

单元十

↘ 思政目标

1. 细心认真，能够准确编制财务报表，不虚构报表数字。
2. 培养学生爱岗敬业、坚持准则的会计职业道德。

↘ 知识目标

1. 了解资产负债表、利润表、现金流量表相关的概念。
2. 掌握财务报告的编制基础。

↘ 技能目标

1. 掌握资产负债表的结构及编制方法。
2. 掌握利润表的结构及编制方法。

任务一　资产负债表编制

一、任务情境

（一）任务场景

北京田艺装饰有限公司 2021 年 12 月 31 日全部总分类账户和所属明细分类账户余额如表 10-1 所示。

表 10-1　总分类账户和所属明细分类账户余额　　　　　　　　　　　　　　　　　元

总分类账户	明细分类账户	借方余额	贷方余额	总分类账户	明细分类账户	借方余额	贷方余额
库存现金		1 000		短期借款			130 000
银行存款		35 000		应付账款			30 000
其他货币资金		38 000			A 工厂		20 000

（续表）

总分类账户	明细分类账户	借方余额	贷方余额	总分类账户	明细分类账户	借方余额	贷方余额
应收账款		56 000			B 工厂	10 000	
	甲公司	30 000			C 工厂		20 000
	乙公司		4 000	预收账款			12 000
	丙公司	30 000			A 单位		19 000
预付账款		19 400			B 单位	7 000	
	甲单位	20 000		其他应付款			28 000
	乙单位		600	应付职工薪酬			79 400
其他应收款		12 000		应交税费			130 000
原材料		59 000		应付股利			46 000
生产成本		16 000		长期借款			70 000
库存商品		45 000		其中一年内到期			30 000
长期股权投资		410 000		实收资本			490 000
固定资产		800 000		资本公积			90 000
累计折旧			120 000	盈余公积			44 160
无形资产		80 000		利润分配			319 840
长期待摊费用		18 000		未分配利润			319 840

（二）任务布置

请根据表 10-1 中的资料，填写北京田艺装饰有限公司 2021 年 12 月 31 日资产负债表中的"期末余额"栏。

二、知识准备

（一）知识准备

1. 概念

资产负债表是指反映企业某一特定日期（如月末、季末、年末等）财务状况的财务报表，反映企业在某一特定日期所拥有或控制的经济资源、所承担的现时义务和所有者对净资产的要求权。它属于静态财务报表，是根据"资产＝负债＋所有者权益"这一会计等式编制而成的。

2. 结构

资产负债表的格式分为账户式和报告式两种。我国的资产负债表采用账户式。资产负债表由表头、表体两部分组成：表头部分需要列示资产负债表的名称、编制单位的名称、资产负债表日、报表编号和货币计量单位；表体部分是资产负债表的主要内容，需要列示资产、负债和所有者权益项目及其金额等。

账户式资产负债表，根据"资产＝负债＋所有者权益"会计等式，左方列示资产项目，右方列示负债和所有者权益项目。资产中各项目按照流动性大小排列，依序为流动资产、非流动资产项目；负债和所有者权益中的各项目，按照要求清偿时间先后顺序排列，依序为流动负债、非流动负债、所有者权益项目。我国一般企业的资产负债表格式如表 10-2 所示。

表 10-2　资产负债表

会企 01 表

编制单位：　　　　　　　　　　　　　　年　月　日　　　　　　　　　　　　　　元

资　产	期末余额	上年年末余额	负债和所有者权益（或股东权益）	期末余额	上年年末余额
流动资产：			流动负债：		
货币资金			短期借款		
交易性金融资产			交易性金融负债		
衍生金融资产			衍生金融负债		
应收票据			应付票据		
应收账款			应付账款		
预付款项			预收款项		
其他应收款			合同负债		
存货			应付职工薪酬		
合同资产			应交税费		
持有待售资产			其他应付款		
一年内到期的非流动资产			持有待售负债		
其他流动资产			一年内到期的非流动负债		
流动资产合计			其他流动负债		
非流动资产：			流动负债合计		
债权投资			非流动负债：		
其他债权投资			长期借款		
长期应收款			应付债券		
长期股权投资			其中：优先股		
其他权益工具投资			永续债		
其他非流动金融资产			长期应付款		
投资性房地产			预计负债		
固定资产			递延收益		
在建工程			递延所得税负债		

资　产	期末余额	上年年末余额	负债和所有者权益（或股东权益）	期末余额	上年年末余额
生产性生物资产			其他非流动负债		
油气资产			非流动负债合计		
无形资产			负债合计		
开发支出			所有者权益（或股东权益）：		
商誉			实收资本（或股本）		
长期待摊费用			其他权益工具		
递延所得税资产			其中：优先股		
其他非流动资产			永续债		
非流动资产合计			资本公积		
			减：库存股		
			其他综合收益		
			盈余公积		
			未分配利润		
			所有者权益（或股东权益）合计		
资产总计			负债和所有者权益（或股东权益）总计		

3. 编制方法

资产负债表是一种比较资产负债表，需要填列"期末余额"和"上年年末余额"两栏，反映两个期间的比较数据。

（1）"上年年末余额"栏填列

资产负债表各项目"上年年末余额"栏内的数据，根据上年年末资产负债表的"期末余额"栏内所列数据填列。

（2）"期末余额"栏的填列

资产负债表的"期末余额"是指某一会计期末的数字，即月末、季末、半年末或年末的数字。资产负债表各项目"期末余数"栏内的数字，可通过以下几种方式取得。

<1> 根据总账账户余额填列

● 根据总账账户余额直接填列，如"递延所得税资产""短期借款""应付职工薪酬""实收资本""资本公积"项目。

● 根据总账账户余额加计填列。例如，"货币资金"项目，需要根据"库存现金""银行存款""其他货币资金"3个总账账户的期末余额的合计数填列。

<2> 根据明细账户余额计算填列

例如，"应付账款"项目，需要根据"应付账款"和"预付账款"账户所属的相关明细

账户的期末贷方余额计算填列；"预付款项"项目，需要根据"应付账款"账户和"预付账款"账户所属的相关明细账户的期末借方余额减去相关的坏账准备贷方余额计算填列；"预收款项"项目，需要根据"应收账款"账户和"预收账款"账户所属相关明细账户的期末贷方余额合计填列。

课堂训练 10-1 2021 年 12 月 31 日，北京田艺装饰有限公司有关账户所属明细账户借贷方余额如表 10-3 所示。

表 10-3　有关账户所属明细账户借贷方余额　　　　　　　　　　　元

账　户	明细账户借方余额	明细账户贷方余额
应收账款	60 000	4 000
预付账款	20 000	500
应付账款	10 000	40 000
预收账款	7 000	19 000

北京田艺装饰有限公司 2021 年 12 月 31 日资产负债表中相关项目的金额为：

"预收款项"项目金额 =4 000+19 000=23 000（元）

"应付账款"项目金额 =40 000+500=40 500（元）

<3> 根据总账账户和明细账户余额分析计算填列

例如，"长期借款"项目，需要根据"长期借款"账户余额扣除"长期借款"账户所属的明细账户中将在一年内到期且企业不能自主地将清偿义务展期的长期借款后的金额计算填列；"其他非流动资产"项目，应根据有关账户的期末余额减去将于一年内（含一年）收回数后的金额计算填列；"其他非流动负债"项目，应根据有关账户的期末余额减去将于一年内（含一年）到期偿还数后的金额计算填列。

课堂训练 10-2 2021 年 12 月 31 日，北京田艺装饰有限公司"长期借款"账户余额为 70 000 元，其中从 A 银行借入的 30 000 元借款将于一年内到期。北京田艺装饰有限公司不具有自主展期清偿的权利。计算资产负债表"长期借款"项目的金额。

由于该项长期借款将于一年内到期，且公司不具有自主展期清偿的权利，因此北京田艺装饰有限公司 2021 年 12 月 31 日资产负债表中"一年内到期的非流动负债"项目"期末余额"栏的列报金额为 40 000 元。

<4> 根据有关账户余额减去其备抵账户余额后的净额填列

例如，资产负债表中"长期股权投资""在建工程"等项目，应当根据"长期股权投资""在建工程"等账户的期末余额减去"长期股权投资减值准备""在建工程减值准备"等备抵账户余额后的净额填列；"无形资产"项目，应当根据"无形资产"账户的期末余额，减去"累计摊销""无形资产减值准备"等备抵账户余额后的净额填列。

课堂训练 10-3 2021 年 12 月 31 日，北京田艺装饰有限公司涉及"无形资产"项目的账户余额如表 10-4 所示。

表 10-4　涉及"无形资产"项目的账户余额　　　　　　　　　　　　　　　　　元

账　户	借方余额	贷方余额
无形资产	100 000	
累计摊销		20 000

2021 年 12 月 31 日，北京田艺装饰有限公司资产负债表中"无形资产"项目"期末余额"栏应列示的金额 =100 000-20 000=80 000（元）。

<5> 综合运用上述填列方法分析填列

例如，"存货"项目，需要根据"材料采购""在途物资""原材料""库存商品""周转材料""委托加工物资""发出商品""生产成本""受托代销商品""材料成本差异"等总账账户期末余额的分析汇总数，再减去"委托代销商品款""存货跌价准备"账户余额后的净额填列。

课堂训练 10-4 2021 年 12 月 31 日，北京田艺装饰有限公司有关账户余额如下。

　① "发出商品"账户借方余额为 900 000 元。

　② "生产成本"账户借方余额为 500 000 元。

　③ "原材料"账户借方余额为 200 000 元。

　④ "委托加工物资"账户借方余额为 300 000 元。

　⑤ "材料成本差异"账户贷方余额为 30 000 元。

　⑥ "存货跌价准备"账户贷方余额为 150 000 元。

　⑦ "受托代销商品"账户借方余额 500 000 元。

　⑧ "受托代销商品款"账户贷方余额为 500 000 元。

2021 年 12 月 31 日，北京田艺装饰有限公司资产负债表中"存货"项目"期末余额"栏的列报金额=900 000+500 000+200 000+300 000-30 000-150 000+500 000-500 000= 1 720 000（元）。

（3）项目具体填列方法

<1> 资产类项目的填列方法

■ 流动资产类项目的填列方法

● "货币资金"项目根据"库存现金""银行存款""其他货币资金"账户期末余额的合计数填列。

课堂训练 10-5 2021 年 12 月 31 日，北京田艺装饰有限公司涉及"货币资金"项目的账户余额如表 10-5 所示。

表 10-5　涉及"货币资金"项目的账户余额

元

账　户	借方余额	贷方余额
库存现金	1 000	
银行存款	35 000	
其他货币资金	38 000	

2021 年 12 月 31 日，北京田艺装饰有限公司资产负债表中"货币资金"项目"期末余额"栏的列报金额 =1 000+35 000+38 000=74 000（元）。

● "交易性金融资产"项目根据"交易性金融资产"账户的相关明细账户期末余额分析计算填列。

● "衍生金融资产"项目根据"衍生工具""套期工具""被套期项目"等账户的期末借方余额分析计算填列。

课堂训练 10-6 2021 年 5 月 6 日，北京田艺装饰有限公司购入 A 公司发行的一项看涨期权。根据期权合同，北京田艺装饰有限公司有权在 2022 年 4 月 6 日以每股 502 元的价格购入 A 公司普通股 30 万股。期权发行日，公允价值为 8 万元，2021 年 12 月 31 日，该期权公允价值为 5 万元。（以下单位为万元）

（1）2021 年 5 月 6 日，北京田艺装饰有限公司的账务处理

借：衍生工具——看涨期权　　　　　　　　　　　　　　8

　　贷：银行存款　　　　　　　　　　　　　　　　　　　　8

（2）2021 年 12 月 31 日，北京田艺装饰有限公司的账务处理

借：公允价值变动损益　　　　　　　　　　　　　　　3

　　贷：衍生工具——看涨期权　　　　　　　　　　　　　　3

2021 年 12 月 31 日，北京田艺装饰有限公司"衍生工具"账户借方余额 5 万元，因此年末资产负债表"衍生金融资产"项目列示的金额为 5 万元。

● "应收账款"项目根据"应收账款"和"预收账款"账户所属明细账户的期末借方余额减去相关的坏账准备后的余额填列。

● "应收票据"项目根据"应收票据"账户所属明细账户的期末借方余额减去相关的坏账准备后的余额填列。

● "预付款项"项目根据"应付账款"和"预付账款"账户所属的相关明细账户的期末借方余额减去相关的坏账准备贷方余额计算填列。

● "其他应收款"项目根据"应收利息""应收股利""其他应收款"账户的期末余额合计数减去相关坏账准备期末余额后的金额填列。

● "存货"项目根据"材料采购""在途物资""原材料""库存商品""周转材料""委托加工物资""发出商品""生产成本""受托代销商品"等账户的期末余额合计数减去"受托代销商品款""存货跌价准备"账户期末余额后的净额填列。

- "合同资产"项目根据"合同资产"账户的相关明细账户期末余额分析填列。
- "持有待售资产"项目根据"持有待售资产"账户的期末余额，减去"持有待售资产减值准备"账户的期末余额后的金额填列。

课堂训练 10-7 北京田艺装饰有限公司拥有一间 500 平方米的房屋，原价 360 万元，年折旧额 36 万元，至 2021 年 12 月 31 日已计提折旧 180 万元。2021 年 1 月 31 日，北京田艺装饰有限公司与 A 公司签署不动产转让协议，拟在半年内将该房屋转让。假定该房屋满足划分为持有待售类别的其他条件，且该房屋未发生减值。

① 2021 年 1 月 31 日，北京田艺装饰有限公司应当将门店划分为持有待售类别，并按照《企业会计准则第 4 号——固定资产》对该房屋计提 1 月份折旧 3 万元。

② 2021 年 1 月 31 日，北京田艺装饰有限公司资产负债表中"持有待售资产"项目列示的金额 =360-180-3=177（万元）。

- "一年内到期的非流动资产"项目根据有关账户的期末余额分析填列。
- "其他流动资产"项目主要列报与已有的流动资产项目不同的其他流动资产。

■ 非流动资产类项目的填列方法

- "债权投资"项目根据"债权投资"账户的相关明细账户期末余额减去"债权投资减值准备"账户中相关减值准备的期末余额后的金额分析填列。
- "其他债权投资"项目根据"其他债权投资"账户相关明细账户期末余额分析填列。
- "长期应收款"项目根据"长期应收款"账户的期末余额，减去相应的"未实现融资收益"账户和"坏账准备"账户所属相关明细账户期末余额后的金额填列。
- "长期股权投资"项目根据"长期股权投资"账户的期末余额减去"长期股权投资减值准备"账户的期末余额后的金额填列。
- "其他权益工具投资"项目根据"其他权益工具投资"账户的期末余额填列。
- "投资性房地产"项目根据"投资性房地产"账户的期末余额减去"投资性房地产累计折旧（摊销）"和"投资性房地产减值准备"账户期末余额后的净额填列。
- "固定资产"项目根据"固定资产"账户的期末余额减去"累计折旧"和"固定资产减值准备"账户的期末余额后的金额，以及"固定资产清理"账户的期末余额填列。

课堂训练 10-8 2021 年 12 月 31 日，北京田艺装饰有限公司涉及"固定资产"项目的账户余额如表 10-6 所示。

表 10-6　涉及"固定资产"项目的账户余额　　　　　　　　　　　　　　　元

账　户	借方余额	贷方余额
固定资产	800 000	
累计折旧		120 000
固定资产清理	10 000	

2021 年 12 月 31 日，北京田艺装饰有限公司资产负债表中"固定资产"项目"期末余额"栏应列示的金额=800 000-120 000+10 000=690 000（元）。

- "在建工程"项目根据"在建工程"账户的期末余额减去"在建工程减值准备"等备抵账户余额后的净额填列。

课堂训练 10-9 2021 年 12 月 31 日，北京田艺装饰有限公司涉及"在建工程"项目的账户余额如表 10-7 所示。

表 10-7 涉及"在建工程"项目的账户余额 元

账　户	借方余额	贷方余额
工程物资	70 000	

2021 年 12 月 31 日，北京田艺公司资产负债表中"在建工程"项目"期末余额"中应列示的金额为 70 000 元。

- "无形资产"项目根据"无形资产"账户的期末余额减去"累计摊销"和"无形资产减值准备"等备抵账户余额后的净额填列。
- "开发支出"项目根据"研发支出"账户中所属的"资本化支出"明细账户期末余额计算填列。
- "长期待摊费用"项目根据"长期待摊费用"账户的期末余额减去将于一年内（含一年）摊销的数额后的金额分析填列。
- "递延所得税资产"项目根据"递延所得税资产"账户的期末余额填列。
- "其他非流动资产"项目根据有关账户的期末余额减去将于一年内（含一年）收回数后的金额计算填列。

<2> 负债类项目的填列方法

■ 流动负债类项目的填列方法

- "短期借款"项目根据"短期借款"账户的期末余额填列。

课堂训练 10-10 2021 年 12 月 31 日，北京田艺装饰有限公司涉及"短期借款"项目的账户余额如表 10-8 所示。

表 10-8 涉及"短期借款"项目的账户余额 元

账　户	借方余额	贷方余额
短期借款		130 000

2021 年 12 月 31 日，北京田艺装饰有限公司资产负债表中"短期借款"项目"期末余额"栏应列示的金额为 130 000 元。

- "交易性金融负债"项目根据"交易性金融负债"账户的相关明细账户期末余额填列。
- "衍生金融负债"项目根据"衍生工具""套期工具""被套期项目"等账户的期末贷方余额分析计算填列。

- "应付账款"项目根据"应付账款"和"预付账款"账户所属的相关明细账户的期末贷方余额计算填列。
- "应付票据"项目根据"应付票据"账户所属明细账户期末贷方余额填列。
- "预收款项"项目根据"应收账款"和"预收账款"账户所属明细账户期末贷方余额合计数填列。
- "合同负债"项目根据"合同负债"账户的相关明细账户期末余额分析填列。
- "应付职工薪酬"项目根据"应付职工薪酬"账户所属明细账户期末贷方余额分析填列。
- "应交税费"项目根据"应交税费"账户的期末贷方余额填列。需要说明的是,"应交税费"账户下的"应交增值税""未交增值税""待抵扣进项税额""待认证进项税额""增值税留抵税额"等明细账户期末借方余额应根据情况,在资产负债表中的"其他流动资产"或"其他非流动资产"项目列示;"应交税费——待转销项税额"等账户期末贷方余额应根据情况,在资产负债表中的"其他流动负债"或"其他非流动负债"项目列示;"应交税费"账户下的"未交增值税""简易计税""转让金融商品应交增值税""代扣代交增值税"等账户期末贷方余额应在资产负债表中的"应交税费"项目列示。
- "其他应付款"项目根据"应付利息""应付股利""其他应付款"账户的期末余额合计数填列。

课堂训练 10-11 2021年12月31日,北京田艺装饰有限公司涉及"应交税费"项目的账户余额如表10-9所示。

表 10-9 涉及"应交税费"项目的账户余额 元

账　户	借方余额	贷方余额
应交税费		
——未交增值税		30 000
——应交所得税		100 000

2021年12月31日,北京田艺装饰有限公司资产负债表中"应交税费"项目"期末余额"栏应列示的金额=30 000+100 000=130 000(元)。

- "持有待售负债"项目根据"持有待售负债"账户的期末余额填列。
- "一年内到期的非流动负债"项目根据"一年内到期的长期借款""长期应付款""应付债券"账户分析计算后填列。
- "其他流动负债"项目主要列报与已有的流动负债项目不同的其他流动负债。

■ 非流动负债类项目的填列方法

- "长期借款"项目根据"长期借款"账户余额扣除"长期借款"账户所属的明细账户中将在一年内到期且企业不能自主地将清偿义务展期的长期借款后的金额计算填列。

- "应付债券"项目根据"应付债券"账户的期末余额分析填列。
- "长期应付款"项目根据"长期应付款"账户的期末余额和"专项应付款"账户的期末余额减去未确认融资费用的期末余额，再减去所属相关明细账户中将于一年内到期的部分后的金额填列。
- "预计负债"项目根据"预计负债"账户的期末余额填列。
- "递延收益"项目根据"递延收益"账户的期末余额填列。本项目中摊销期限只剩一年或不足一年的，或者预计在一年内（含一年）进行摊销的部分，不得归类为流动负债，仍在本项目中填列，不转入"一年内到期的非流动负债"项目。
- "递延所得税负债"项目根据"递延所得税负债"账户的期末余额填列。
- "其他非流动负债"项目根据有关账户期末余额，减去将于一年内（含一年）到期偿还数后的余额分析填列。非流动负债各项目中将于一年内（含一年）到期的非流动负债，应在"一年内到期的非流动负债"项目内反映。

<3> 所有者权益（或股东权益）类项目的填列方法

"实收资本（或股本）"项目根据"实收资本（或股本）"账户的期末余额填列。

课堂训练 10-12 2021年12月31日，北京田艺装饰有限公司"实收资本"账户余额如表10-10所示。

表 10-10　"实收资本"账户余额

元

账　户	借方余额	贷方余额
实收资本		490 000

2021年12月31日，北京田艺装饰有限公司资产负债表中"实收资本"项目"期末余额"栏应列示的金额为490 000元。

- "其他权益工具"项目反映资产负债表日企业发行在外的除普通股以外分类为权益工具的金融工具的期末账面价值，并下设"优先股"和"永续债"两个项目，分别反映企业发行的分类为权益工具的优先股和永续债的账面价值。
- "资本公积"项目根据"资本公积"账户的期末余额填列。
- "其他综合收益"项目根据"其他综合收益"账户的期末余额填列。
- "盈余公积"项目根据"盈余公积"账户的期末余额填列。
- "未分配利润"项目根据"本年利润"账户和"利润分配"账户的余额计算填列。未弥补的亏损在本项目内以"-"号填列。

三、任务实施

第 1 步　根据表10-1中总分类账户和所属明细分类账户余额进行分析并计算。（以下算式左边为表10-11中的项目，右边为表10-1中的账户）

①货币资金 = 库存现金 + 银行存款 + 其他货币资金 = 1 000 + 35 000 + 38 000 = 74 000（元）。

②应收账款 = "应收账款"明细账户借方余额 + "预收账款"明细账户借方余额 = 30 000 + 30 000 + 7 000 = 67 000（元）。

③预付款项 = "预付账款"明细账户借方余额 + "应付账款"明细账户借方余额 = 20 000 + 10 000 = 30 000（元）。

④存货 = 原材料 + 生产成本 + 库存商品 = 59 000 + 16 000 + 45 000 = 120 000（元）。

⑤固定资产 = 固定资产 - 累计折旧 = 800 000 - 120 000 = 680 000（元）。

⑥应付账款 = "应付账款"明细账户贷方余额 + "预付账款"明细账户贷方余额 = 20 000 + 20 000 + 600 = 40 600（元）。

⑦预收款项 = "预收账款"明细账户贷方余额 + "应收账款"明细账户贷方余额 = 19 000 + 4 000 = 23 000（元）。

⑧其他应付款 = 其他应付款 + 应付股利 = 28 000 + 46 000 = 74 000（元）。

⑨一年内到期的非流动负债 = 一年内到期且企业不能自主地将清偿义务展期的长期借款 = 30 000（元）。

⑩长期借款 = 长期借款 - "长期借款"明细账户中一年内到期且企业不能自主地将清偿义务展期的长期借款 = 70 000 - 30 000 = 40 000（元）。

⑪未分配利润 = 利润分配中"未分配利润"明细账户余额 = 319 840（元）。

第 2 步　编制如表 10-11 所示的资产负债表。

表 10-11　资产负债表

会企 01 表

编制单位：北京田艺装饰有限公司　　　　　2021 年 12 月 31 日　　　　　　　　　元

资　产	期末余额	上年年末余额	负债和所有者权益（或股东权益）	期末余额	上年年末余额
流动资产：			流动负债：		
货币资金	74 000		短期借款	130 000	
交易性金融资产			交易性金融负债		
衍生金融资产			衍生金融负债		
应收票据			应付票据		
应收账款	67 000		应付账款	40 600	
预付款项	30 000		预收款项	23 000	
其他应收款	12 000		合同负债		
存货	120 000		应付职工薪酬	79 400	
合同资产			应交税费	130 000	
持有待售资产			其他应付款	74 000	
一年内到期的非流动资产			持有待售负债		

（续表）

资　产	期末余额	上年年末余额	负债和所有者权益（或股东权益）	期末余额	上年年末余额
其他流动资产			一年内到期的非流动负债	30 000	
流动资产合计	303 000		其他流动负债		
非流动资产：			流动负债合计	507 000	
债券投资			非流动负债：		
其他债券投资			长期借款	40 000	
长期应收款			应付债券		
长期股权投资	410 000		其中：优先股		
其他权益工具投资			永续债		
其他非流动金融资产			长期应付款		
投资性房地产			预计负债		
固定资产	680 000		递延收益		
在建工程			递延所得税负债		
生产性生物资产			其他非流动负债		
油气资产			非流动负债合计	40 000	
无形资产	80 000		负债合计	547 000	
开发支出			所有者权益（或股东权益）：		
商誉			实收资本（或股本）	490 000	
长期待摊费用	18 000		其他权益工具		
递延所得税资产			其中：优先股		
其他非流动资产			永续债		
非流动资产合计	1 188 000		资本公积	90 000	
			减：库存股		
			其他综合收益		
			专项储备		
			盈余公积	44 160	
			未分配利润	319 840	
			所有者权益（或股东权益）合计	944 000	
资产总计	1 491 000		负债和所有者权益（或股东权益）总计	1 491 000	

四、任务评价

根据任务要求实施并完成任务后，请填写任务评价表，如表 10-12 所示。

表 10-12 任务评价表

序　号	任务清单	分值 / 分	完成度	得分 / 分
1	了解资产负债表的概念、结构	20		
2	掌握资产负债表的编制方法	40		
3	编制资产负债表	40		
	合　计	100		

五、任务练习

任务练习与解答

任务二　利润表编制

一、任务情境

（一）任务场景

北京田艺装饰有限公司的企业所得税税率为 25%，涉及 2021 年利润表项目的相关账户余额如表 10-13 所示。

表 10-13　与利润表相关的账户余额　　　　　　　　　　　　　元

账　户	期初余额		本期发生额		期末余额	
	借　方	贷　方	借　方	贷　方	借　方	贷　方
主营业务收入				300 000		300 000
其他业务收入				50 000		50 000
主营业务成本			130 000		130 000	
其他业务成本			10 000		10 000	
税金及附加			4 507		4 507	
销售费用			20 000		20 000	
管理费用			65 760		65 760	
财务费用			3 300	300	3 000	
投资收益				15 008		15 008
公允价值变动收益				6 000		6 000
资产处置收益				16 000		16 000
营业外收入				30 000		30 000
营业外支出			8 000		8 000	

（二）任务布置

请根据表 10-13 中的资料，编制北京田艺装饰有限公司 2021 年利润表中的"本期金额"栏。

二、知识准备

1. 概念

利润表是指反映企业在一定会计期间经营成果的报表。通过利润表，可以反映企业一定会计期间的收入实现情况和费用耗费情况，可以反映企业一定会计期间生产经营活动的成果，据以判断资本保值、增值情况。

利润表属于动态财务报表，是根据"收入－费用＝利润"这一会计等式编制而成的。

2. 结构

利润表的格式分为多步式和单步式两种。我国企业的利润表采用的是多步式。

利润表在形式上由表首、正表两部分组成：表首部分需要列示利润表的名称、编制单位、编制日期、金额单位；正表部分是利润表的主要内容，反映报告期间的各项收支、利润指标及其金额等。

多步式的利润表，分为以下 3 个主要步骤。

第 1 步　计算营业利润。其计算公式为：

营业利润＝营业收入－营业成本－税金及附加－销售费用－管理费用－研发费用－财务费用－资产减值损失－信用减值损失＋其他收益＋投资收益（－投资损失）＋净敞口套期收益（－净敞口套期损失）＋公允价值变动收益（－公允价值变动损失）＋资产处置收益（－资产处置损失）

第 2 步　计算利润总额。其计算公式为：

利润总额＝营业利润＋营业外收入－营业外支出

第 3 步　计算净利润（或净亏损）。其计算公式为：

净利润（或净亏损）＝利润总额－所得税费用

对于普通股或潜在普通股及正处于公开普通股或潜在普通股过程中的企业，还应当在利润表中列示每股收益信息。我国企业利润表的格式如表 10-14 所示。

表 10-14　利润表

会企 02 表

编制单位：　　　　　　　　　　　年　月　　　　　　　　　　　　　　　元

项　目	本期金额	上期金额
一、营业收入		
减：营业成本		
税金及附加		
销售费用		
管理费用		
财务费用		

（续表）

项　目	本期金额	上期金额
其中：利息费用		
利息收入		
加：其他收益		
投资收益（损失以"－"号填列）		
其中：对联营企业和合营企业的投资收益		
净敞口套期收益（损失以"－"号填列）		
公允价值变动收益（损失以"－"号填列）		
信用减值损失（损失以"－"号填列）		
资产处置收益（损失以"－"号填列）		
二、营业利润（亏损以"－"号填列）		
加：营业外收入		
减：营业外支出		
三、利润总额（亏损总额以"－"号填列）		
减：所得税费用		
四、净利润（净亏损以"－"号填列）		
（一）持续经营净利润（净亏损以"－"号填列）		
（二）终止经营净利润（净亏损以"－"号填列）		
五、其他综合收益的税后净额		
六、综合收益总额		
七、每股收益		
（一）基本每股收益		
（二）稀释每股收益		

3. 编制方法

利润表是一种比较利润表，需要填列"本期金额"和"上期金额"两栏，反映了两个期间的比较数据。

（1）"上期金额"栏填列

利润表中各项目"上期金额"栏内的数据，在编报某月、某季度、某半年利润表时，填列上年同期实际发生数；在编报年度利润表时，填列上年全年实际发生数。如果上年度利润表与本年度利润表的项目名称和内容不一致，则应对上年度利润表项目的名称和数据按本年度的规定进行调整，填入本表"上期金额"栏。

（2）"本期金额"栏填列

利润表中各项目"本年金额"栏反映本期的实际发生数，各项数据除"每股收益"项目外,应当按照相关账户的发生额分析填列。

(3)项目的具体填列方法

<1> 根据有关损益类账户的本期发生额直接或加计填列

● "营业收入"项目根据"主营业务收入"和"其他业务收入"账户的发生额合计分析填列。

课堂训练 10-13 2021年北京田艺装饰有限公司"主营业务收入"账户余额为300 000元,"其他业务收入"账户余额为50 000元。

北京田艺装饰有限公司2021年利润表中"营业收入"项目"本期金额"栏的列报金额为350 000元。

● "营业成本"项目,根据"主营业务成本"账户和"其他业务成本"账户的发生额合计分析填列。

● "税金及附加"项目根据"税金及附加"账户的发生额分析填列。

● "销售费用"项目根据"销售费用"账户的发生额分析填列。

● "管理费用"项目根据"管理费用"账户的发生额分析填列。

● "研发费用"项目根据"管理费用"账户下的"研发费用"明细账户发生额分析填列。

● "财务费用"项目根据"财务费用"账户的发生额分析填列。

课堂训练 10-14 2021年,北京田艺装饰有限公司发生利息费用3 300元,利息收入300元。

北京田艺装饰有限公司2021年利润表中"财务费用"项目"本期金额"栏的列报金额为3 000元。

● "其他收益"项目反映计入其他收益的政府补助等。本项目应根据"其他收益"账户的发生额分析填列。

● "投资收益"项目根据"投资收益"账户的发生额分析填列。如果为投资净损失,则以"–"号填列。

● "净敞口套期收益"项目根据"净敞口套期损益"账户发生额分析填列。如果为套期损失,则以"–"号填列。

● "公允价值变动收益"项目根据"公允价值变动损益"账户的发生额分析填列。如果为净损失,则以"–"号填列。

● "资产减值损失"项目根据"资产减值损失"账户的发生额分析填列。

● "信用减值损失"项目根据"信用减值损失"账户的发生额分析填列。

● "资产处置收益"项目根据"资产处置损益"账户的发生额分析填列。如果为处置损失,则以"–"号填列。

● "营业外收入"项目根据"营业外收入"账户的发生额分析填列。

● "营业外支出"项目根据"营业外支出"账户的发生额分析填列。

● "所得税费用"项目根据"所得税费用"账户的发生额分析填列。

<2> 根据利润表内有关数据计算填列

● "营业利润"项目根据利润表中的营业收入减去营业成本、税金及附加、销售费用、管理费用、研发费用、财务费用、资产减值损失、信用减值损失，加上其他收益、投资收益（或减去投资损失）、净敞口套期收益（或减去净敞口套期损失）、公允价值变动收益（或减去公允价值变动损失）、资产处置收益（或减去资产处置损失）得出。如果为亏损，则本项目以"-"号填列。

● "利润总额"项目根据上一步骤计算出的营业利润，加上营业外收入、减去营业外支出计算得出。如果为亏损，则以"-"号填列。

● "净利润"项目根据上一步骤计算出的利润总额减去表中的所得税费用计算得出。如果为亏损，则以"-"号填列。

● "其他综合收益的税后净额"项目反映企业根据《企业会计准则》规定未在损益中确认的各项利得和损失扣除所得税影响后的净额。

● "综合收益总额"项目反映企业净利润与其他综合收益（税后净额）的合计金额。

● "每股收益"项目包括基本每股收益和稀释每股收益两项，反映普通股或潜在普通股已公开交易的企业，以及正在公开发行普通股或潜在普通股过程中的企业的每股收益信息。

三、任务实施

第 1 步　对北京田艺装饰有限公司（企业所得税税率为 25%）与利润表相关的账户余额进行分析并计算。

① 营业收入=300 000+50 000=350 000（元）。

② 营业成本=130 000+10 000=140 000（元）。

③ 财务费用=3 300-300=3 000（元）。

④ 营业利润=300 000+50 000-130 000-10 000-4 507-20 000-65 760-3 000+15 008+6 000+16 000=153 741（元）。

⑤ 利润总额=153 741+30 000-8 000=175 741（元）。

⑥ 所得税费用=175 741×25%=43 935.25（元）。

⑦ 净利润=175 741-43 935.25=131 805.75（元）。

第 2 步　编制如表 10-15 所示的利润表。

表 10-15　利润表

编制单位：北京田艺装饰有限公司　　　　　　　2021 年

会企 02 表
元

项　目	本期金额	上期金额
一、营业收入	350 000	
减：营业成本	140 000	

（续表）

项　目	本期金额	上期金额
税金及附加	4 507	
销售费用	65 760	
管理费用	20 000	
财务费用	3 000	
其中：利息费用		
利息收入		
加：其他收益		
投资收益（损失以"-"号填列）	15 008	
其中：对联营企业和合营企业的投资收益		
净敞口套期收益（损失以"-"号填列）		
公允价值变动收益（损失以"-"号填列）	6 000	
资产减值损失（损失以"-"号填列）		
信用减值损失（损失以"-"号填列）		
资产处置收益（损失以"-"号填列）	16 000	
二、营业利润（亏损以"-"号填列）	153 741	
加：营业外收入	30 000	
减：营业外支出	8 000	
三、利润总额（亏损总额以"-"号填列）	175 741	
减：所得税费用	43 935.25	
四、净利润（净亏损以"-"号填列）	131 805.75	
（一）持续经营净利润（净亏损以"-"号填列）		
（二）终止经营净利润（净亏损以"-"号填列）		
五、其他综合收益的税后净额		
六、综合收益总额		
七、每股收益		
（一）基本每股收益		
（二）稀释每股收益		

四、任务评价

根据任务要求实施并完成任务后，请填写任务评价表，如表 10-16 所示。

表 10-16　任务评价表

序　号	任务清单	分值／分	完成度	得分／分
1	了解利润表的概念、结构	20		
2	掌握利润表的编制方法	40		
3	编制利润表	40		
	合　计	100		

五、任务练习

任务练习与解答

单元十一

资产减值业务核算

思政目标

1. 培养学生的风险意识。

2. 培养学生爱岗敬业、坚持准则的会计职业道德，传承会计精神。

学习目标

1. 掌握应收账款减值的计量和账务处理。

2. 掌握交易性金融资产持有期间公允价值变动的核算。

3. 掌握存货减值的计量和账务处理。

4. 掌握固定资产减值的计量和账务处理。

5. 掌握无形资产减值的计量和账务处理。

技能目标

1. 培养学生分析风险、识别风险的能力。

2. 掌握资产减值业务的处理原则及其应用。

任务一　应收账款减值核算

一、任务情境

（一）任务场景

　　失信被执行人俗称"老赖"，是指具有履行能力而不履行生效法律文书确定的义务的被执行人。欠人钱财却赖着拒不履行法院生效判决的债务人广泛存在，这已经成当今经济社会的一种痼疾，严重影响着社会的和谐稳定。为了有效地治理"老赖"现象，最高人民法院集中对失信被执行人名单信息等情况进行通报，建立了网上的"老赖"黑名单系统。社会各界人士点击"全国法院失信被执行人名单信息公布与查询"，输入姓名就可以查询失信被执行人名单信息。

对失信被执行人采取的行为有：

① 禁止部分高消费行为，包括禁止乘坐飞机、列车软卧。

② 实施其他信用惩戒，包括限制在金融机构贷款或办理信用卡。

③ 失信被执行人为自然人的，不得担任企业的法定代表人、董事、监事、高级管理人员等。

对失信被执行人惩罚措施的出台，旨在指导各级法院正确、有效地采取信用惩戒措施，建立失信被执行人名单，并促使失信被执行人尽快履行义务，推动社会信用体系建设。

（二）任务布置

在企业日常经营过程中，赊销及其他商业信用行为时有发生，作为债权人，企业会关注债权的保险程度。如果遇到了"老赖"，那么这笔债权收回的可能性会大大降低，有可能意味着这笔钱"打水漂"了，即应收账款发生了减值。从会计的角度上应该如何处理应收账款的减值损失呢？

二、知识准备

（一）应收账款减值的确认

企业的各项应收账款，可能会因购货人拒付、破产、死亡等原因而无法收回。这类无法收回的应收账款就是坏账。企业因坏账而遭受的损失为坏账损失。企业应该在资产负债表日对应收款项的账面价值进行检查，有客观证据表明该应收款项发生减值的，应当将该应收款项的账面价值减记至预计未来现金流量的现值，减记的金额确认为减值损失，计提坏账准备。

应收账款减值损失的确认必须有客观证据。表明应收账款发生减值的客观证据是指应收账款初始确认后实际发生的，对该应收账款的预计未来现金流量有影响，且企业能够对该影响进行可靠计量的事项。一般应收账款符合下列条件之一的，可以判断该应收账款发生了减值。

① 债务人发生严重财务困难。

② 债务人违反了合同条款，如偿付利息或本金发生违约或逾期等。

③ 债权人出于经济或法律等方面因素的考虑，对发生财务困难的债务人做出让步。

④ 债务人很可能倒闭或进行其他财务重组。

⑤ 无法辨认一组应收账款中的某项资产的现金流量是否已经减少，但根据公开的数据对其进行总体评价后发现，该组应收账款自初始确认以来的预计未来现金流量确已减少且可计量。

⑥ 其他表明应收账款发生减值的客观证据。

（二）应收账款减值的账户设置

企业应设置"坏账准备"账户和"信用减值损失"账户核算与监督应收账款的减值情况。

① "坏账准备"账户属于资产类账户，是"应收账款""预付账款""其他应收款""长期应收款"账户的备抵账户，核算应收账款的坏账准备的计提、转销等情况。其贷方登记当期计提的坏账准备金额，以及收回已转销的坏账损失，借方登记实际发生的坏账损失金额和冲减的坏账准备金额；该账户期末贷方余额，反映企业已计提但尚未转销的坏账准备。

② "信用减值损失"账户属于损益类账户，企业应按照信用减值损失的项目进行明细核算。期末，企业将"信用减值损失"账户余额转入"本年利润"账户后无余额。

（三）应收账款减值的计量

应收账款发生减值时，应当将该应收账款的账面价值减记至预计未来现金量现值，减记的金额确认为资产减值损失，计入当期损益。企业应当根据以前年度与之相同或相类似的，具有类似信用风险特征的应收账款组合的实际损失率为基础，结合现时情况确定本期各项组合计提坏账准备的比例，据此计算本期应计提的坏账准备。坏账准备计算公式为：

当期应计提的坏账准备＝当期按应收账款计算应计提坏账准备金额－（或＋）

"坏账准备"账户的贷方（或借方）余额

（四）应收账款减值的核算

应收账款减值的核算有直接转销法和备抵法两种。

① 直接转销法是指在实际发生坏账时，将坏账损失直接计入当期损益，同时冲销应收账款。在直接转销法下，企业不需要设置"坏账准备"账户。

② 备抵法是指在坏账损失实际发生前，依据权责发生制原则估计损失，并同时形成坏账准备，待坏账损失实际发生时再冲减坏账准备。估计坏账损失时，借记"信用减值损失"账户，贷记"坏账准备"账户；坏账损失实际发生时，借记"坏账准备"账户，贷记"应收账款"账户。

我国企业会计制度规定，企业只能采用备抵法核算应收款项的减值损失。

备抵法下坏账准备的计提方法有 4 种：应收账款余额百分比法、账龄分析法、销货百分比法、个别认定法。具体采用何种方法由企业自行确定，但一经确定就不得随意变动。

1. 应收账款余额百分比法

应收账款余额百分比法是根据会计期末应收账款的余额和估计的坏账率估计坏账损失，计提坏账准备的方法。坏账率由企业根据以往的资料或经验自行确定。

课堂训练 11-1 佳成公司 2019 年开始采用备抵法核算坏账损失，坏账损失率为 0.5%。2019 年 12 月 31 日应收账款余额为 1 000 000 元；2020 年应收顺捷公司货款 6 000 元，确认为坏账，2020 年 12 月 31 日应收账款余额为 1 200 000 元；2021 年收回 2020 年已注销的顺捷公司坏账 3 000 元，2021 年 12 月 31 日应收账款余额为 1 000 000 元。

（1）2019 年年末，按照应收账款余额提取坏账准备

坏账准备金额 =1 000 000×0.5%=5 000（元）

借：信用减值损失	5 000
贷：坏账准备	5 000

（2）2020 年，发生坏账 6 000 元

借：坏账准备	6 000
贷：应收账款	6 000

2020 年年末，按照应收账款余额提取坏账准备：坏账准备金额 =1 200 000×0.5% =6 000（元），计提坏账准备前借方余额 =6 000-5 000=1 000（元），应计提的坏账准备金额 =6 000+1 000=7 000（元）。

借：信用减值损失	7 000
贷：坏账准备	7 000

（3）2021 年收回 2020 年已经冲销的坏账 3 000 元

借：应收账款	3 000
贷：坏账准备	3 000

同时，

借：银行存款	3 000
贷：应收账款	3 000

坏账准备金额 =1 000 000×0.5%=5 000（元），计提坏账准备前贷方余额 =6 000+3 000= 9 000（元），应冲减的坏账准备金额 =9 000-5 000=4 000（元）。

借：坏账准备	4 000
贷：信用减值损失	4 000

2. 账龄分析法

账龄分析法是根据应收账款账龄的长短来估计坏账的方法。账龄指的是客户所欠账款的时间。通常情况下，应收账款的账龄越长，发生坏账的可能性越大。因此，将企业的应收账款按账龄长短进行分组，分别确定不同的计提比率估算坏账损失、计提坏账准备，结果更符合客观情况。其计算公式为：

"坏账准备"账户期末应有数 = $\sum$ 各区段"应收账款"账户余额×该区段的估计坏账百分比

当期应计提的坏账准备 = "坏账准备"账户期末应有数 -（或 +）

"坏账准备"账户的贷方（或借方）余额

3. 销货百分比法

销货百分比法是以赊销金额的一定百分比作为坏账估计的方法。采用销货百分比法计提坏账准备的计算公式为：

当期应计提的坏账准备 = 本期销售总额（或赊销总额）× 坏账准备计提比例

4. 个别认定法

个别认定法是根据每一应收账款的情况来估计坏账损失的方法。如果某项应收账款的可收回性与其他各项应收账款存在明显的差别（如债务单位所处的特定地区等），导致该项应收账款如果按照与其他应收账款同样的方法计提坏账准备，就无法真实地反映其可收回金额，则可对该项应收账款采用个别认定法计提坏账准备。在同一会计期间运用个别认定法的应收账款应从用其他方法计提坏账准备的应收账款中剔除。

三、任务实施

根据任务情境的描述，在企业日常经营过程中，基于赊销行为会形成应收账款，也会不可避免地承担坏账风险。从会计的角度来看，企业的各项应收账款，如果无法收回或收回的可能性极小，就意味着发生了坏账，由此而产生的损失即为坏账损失。

在我国，除了小微企业可以采用直接转销法核算坏账损失，其他企业只能采用备抵法核算坏账损失。在直接转销法下，坏账发生时，企业直接将坏账损失计入当期损益（"营业外支出"账户）；在备抵法下，企业需要按期估计坏账损失，形成坏账准备，当某一应收账款全部或部分被确认为坏账时，应根据其金额冲减坏账准备，同时转销相应的应收账款金额。企业按期计提坏账准备时，将预计的坏账损失记入"信用减值损失"账户，同时确认为应计提的坏账准备。实际发生坏账时，一方面冲销已经计提的坏账准备；另一方面，冲减应收账款的账面余额。资产负债表上列示的应收账款，反映的是应收账款扣减坏账准备后的净值。

四、任务评价

根据任务要求实施并完成任务后，请填写任务评价表，如表 11-1 所示。

表 11-1　任务评价表

序　号	任务清单	分值/分	完成度	得分/分
1	了解坏账准备的概念	10		
2	了解直接转销法的计算原理	10		
3	掌握备抵法下坏账准备的具体计算	40		
4	掌握坏账准备的账务处理	40		
	合　计	100		

五、任务练习

任务练习与解答

任务二　交易性金融资产持有期间公允价值变动核算

一、任务情境

（一）任务场景

市场因素，如需求变化、商品自身价值的变化会使得买卖双方重新评估价格，前后两者之间的公允价值变动就会产生公允价值变动损益。股票价格的变动更是如此，股价的波动受到一系列复杂因素的影响。因此人们常说：股市有风险，入市需谨慎。通常情况下，当企业以出售为目的持有金融工具时，即企业应当将以摊余成本计量的金融资产和以公允价值计量且其变动计入其他综合收益的金融资产之外的金融资产，分类为以公允价值计量且其变动计入当期损益的金融资产，在会计核算中称之为交易性金融资产。

（二）任务布置

对于价值波动比较频繁的交易性金融资产，如果其价值发生下跌，那么应该认定减值损失吗？会计上又是如何核算并反映交易性金融资产的价值及其价值波动呢？

二、知识准备

（一）交易性金融资产公允价值变动概述

鉴于企业持有交易性金融资产的动机以投机性为主，即在短期内获取价差收益，因此企业对交易性金融资产不确认减值损失，而在每个资产负债表日确认公允价值变动。以公允价值计量且其变动计入当期损益的金融资产的会计处理，着重于反映该类金融资产公允价值的变化及对企业财务状况和经营成果的影响。

（二）交易性金融资产公允价值变动相关账户

为了反映和监督交易性金融资产公允价值变动等情况，企业应当设置"公允价值变动损益"账户进行核算。该账户属于损益类账户，核算企业交易性金融资产等的公允价值变动而形成的应计入当期损益的利得或损失，借方登记资产负债表日企业持有的交易性金融资产等的公允价值低于账面余额的差额，贷方登记资产负债表日企业持有的交易性金融资产等的公允价值高于账面余额的差额。

（三）交易性金融资产公允价值变动的账务处理

交易性金融资产应当按照公允价值进行后续计量，在资产负债表日将公允价值的变动计入当期损益（公允价值变动损益）。资产负债表日的公允价值高于其账面余额时，借记"交易性金融资产——公允价值变动"账户，贷记"公允价值变动损益"账户；资产负债表日的公允价值低于其账面余额时，借记"公允价值变动损益"账户，贷记"交易性金融资产——公允价值变动"账户。

课堂训练 11-2 佳成公司有关对外投资的资料如下：2021 年 4 月 17 日，佳成公司委托证券公司从二级市场购入 B 公司股票，并将其划分为交易性金融资产。以银行存款支付价款 1 500 万元（其中包含已宣告但尚未发放的现金股利 50 万元），另支付相关交易费用 5 万元。

2021 年 5 月 5 日，佳成公司收到 B 公司发放的现金股利 50 万元；2021 年 6 月 30 日，佳成公司持有 B 公司股票的公允价值为 1 400 万元；2021 年 12 月 31 日，佳成公司持有 B 公司股票的公允价值为 1 550 万元。

（1）2021 年 4 月 17 日，购入 B 公司股票

借：交易性金融资产——成本	14 500 000
应收股利	500 000
投资收益	50 000
贷：银行存款	15 050 000

（2）2021 年 5 月 5 日，佳成公司收到 B 公司发放的现金股利 500 000 元

借：银行存款	500 000
贷：应收股利	500 000

（3）2021 年 6 月 30 日，佳成公司持有 B 公司股票的公允价值为 14 000 000 元

借：公允价值变动损益	500 000
贷：交易性金融资产——公允价值变动	500 000

（4）2021 年 12 月 31 日，佳成公司持有 B 公司股票的公允价值为 15 500 000 元

借：交易性金融资产——公允价值变动	1 500 000
贷：公允价值变动损益	1 500 000

三、任务实施

根据任务情境的描述及对上述知识的学习，目前我国《企业会计准则》对于交易性金融资产不核算其减值损失，对交易性金融资产的价值下跌不认定为减值损失，故对其不计提减值准备，而是在每个资产负债表日反映公允价值的变动情况。交易性金融资产以公允价值计量属性进行计量，意味着当资产负债表日交易性金融资产公允价值上涨（公允价值高于原账面价值）时，应将账面价值调增至与公允价值相一致；当交易性金融资产公允价值下跌（公允价值低于原账面价值）时，应将账面价值调减至与公允价值相一致。

四、任务评价

根据任务要求实施并完成任务后，请填写任务评价表，如表 11-2 所示。

表 11-2　任务评价表

序　号	任务清单	分值/分	完成度	得分/分
1	了解交易性金融资产的含义和账户设置	20		
2	掌握交易性金融资产公允价值上涨的核算	40		
3	掌握交易性金融资产公允价值下跌的核算	40		
	合　计	100		

五、任务练习

任务练习与解答

任务三　存货减值核算

一、任务情境

（一）任务场景

2019 年 11 月 12 日，獐子岛公司公告称，"从抽测现场采捕上来的扇贝情况看，底播虾夷扇贝在近期出现大比例死亡，其中部分海域死亡贝壳比例占 80% 以上。死亡时间距抽测采捕时间较近，死亡贝壳与存活扇贝的壳体大小没有明显差异，大部分死贝的壳体间韧带具有弹性，部分壳体中尚存未分解掉的软体部分。根据目前已抽测点位的亩产数据汇总，已抽测区域 2017 年存量底播虾夷扇贝平均亩产不足 2 千克；2018 年存量底播虾夷扇贝平均亩产约 3.5 千克，亩产水平大幅低于前 10 月平均亩产 25.61 千克，公司初步判断已构成重大底播虾夷扇贝存货减值风险。"獐子岛公司业绩变脸消息一出，市场哗然。因为早在 2014 年，投资者们都戏称"贝壳又跑了"。

（二）任务布置

存货作为企业经营的重要物质载体，其获利性、周转性对企业的盈利水平均会产生重要影响。这也是为什么獐子岛公司对存货计提存货跌价准备后，资本市场如一石激起千层浪。那么，企业对期末存货应该如何计量？存货出现减值迹象后企业又将如何处理呢？

二、知识准备

（一）存货减值的核算原则

当存货成本高于其可变现净值时，应当按照存货成本与可变现净值孰低法对期末存货进行计量，即可变现净值低于成本的差额，应当计提存货跌价准备，计入当期损益。其中，成本是指期末存货的实际成本，如果企业在存货成本日常核算中采用计划成本法等简化核算方法，则成本为调整后的实际成本；可变现净值是指在日常活动中，存货的估计售价减去至完工时估计将要发生的成本、估计的销售费用及相关税费后的金额。

（二）可变现净值的确定方法

1.确定存货可变现净值应当考虑的主要因素

① 应当以取得的确凿证据为基础，是指取得对存货的可变现净值有直接影响的可靠依据。

② 持有存货的目的，是指持有存货是销售，还是加工后销售等。

③ 资产负债表日后事项的影响因素。

④ 企业应对直接销售的存货和用于生产的存货分别确定存货可变现净值。

2.可变现净值的确定方法

（1）商品存货可变现净值的确定

为执行销售合同或劳务合同而持有的存货，通常应以产成品或商品的合同价格作为其可变现净值的计量基础。如果企业持有存货的数量多于销售合同订购的数量，超出部分的存货可变现净值应以产成品或商品的一般销售价格作为计量基础。没有销售合同约定的存货，但不包括用于出售的材料，其可变现净值应以产成品或商品的一般销售价格（市场销售价格）作为计量基础。用于出售的材料等，应以市场价格作为其可变现净值的计量基础。这里的市场价格是指材料等的市场销售价格。

课堂训练 11-3 佳成公司于 2020 年 12 月 17 日与兴瑞公司签订一份销售合同。双方约定，2021 年 3 月 31 日，佳成公司按每件 50 000 元的价格向兴瑞公司提供 W 商品 20 件。2020 年 12 月 31 日，佳成公司结存 W 商品 30 件，单位成本为 47 000 元，账面总成本为 1 410 000 元。2020 年 12 月 31 日该商品的市场销售价格为 48 000 元/台，估计发生的销售费用和税金为 2 000 元/台。计算佳成公司 2020 年 12 月 31 日结存 W 商品的可变现净值。

W 商品可变现净值计算如下：合同约定的 20 件 W 商品的可变现净值=50 000×20-2 000×20=960 000（元），由于合同约定的 20 件 W 商品的成本=47 000×20=940 000（元），可知合同约定的 20 件 W 商品的可变现净值高于成本；没有合同约定的 10 件 W 商品的可变现净值=48 000×10-2 000×10=460 000（元），由于没有合同约定的 10 件 W 商品的成本 = 47 000×10=470 000（元），可知没有合同约定的 10 件 W 商品的可变现净值低于成本。

（2）非商品性存货

非商品性存货主要是指用于生产的材料、在产品或自制半成品等需要经过进一步加工的存货。其可变现净值根据其产成品的估计售价减去进一步加工成本、估计的销售费用和相关税费后的金额确定。如果其生产的产成品已经签订销售合同，那么估计售价按照合同价格确定。具体而言，对于非商品性质的存货，其处理原则如下。

① 如果用其生产的产成品的可变现净值预计高于成本，意味着其产成品没有减值，按照成本与可变现净值孰低的原则，产成品按照成本计量，那么材料存货也应当按照成本来计量。

② 如果材料价格下降表明产成品的可变现净值低于成本，意味着其产成品发生减值，按照成本与可变现净值孰低的原则，产成品按照可变现净值计量，那么材料存货也应当按照可变现净值来计量。

课堂训练 11-4 2021年12月31日，佳成公司库存用于生产50件A产品的自产H材料一批，其成本为160万元，现市场价格为145万元。由于H材料市场价格下降，市场上用H材料生产的A产品的市场售价总额由280万元降为260万元，但佳成公司生产A产品的成本仍为270万元，将H材料加工成A产品尚需投入加工费用110万元，估计销售费用为8万元。计算库存H材料的可变现净值。

第1步　计算用H材料生产的A产品的可变现净值。A产品的可变现净值=260-8=252（万元）。

第2步　将用H材料生产的A产品的可变现净值与其成本进行比较。A产品的可变现净值252万元＜成本270万元，即由于材料价格下降和A产品价格下降导致A产品的可变现净值小于其成本。因此，库存的H材料应按可变现净值计量。

第3步　计算库存的H材料的可变现净值。H材料的可变现净值=A产品的售价总额-将H材料加工成A产品尚需投入的成本-估计销售费用及税金=260-110-8=142（万元）。

（三）存货减值的账务处理

1.账户设置

为了反映和监督企业存货跌价准备的计提、转回和转销情况，企业应设置"存货跌价准备"账户，跌价损失的借方记入"存货跌价准备"账户。

2.存货跌价准备的计提方法

企业通常应当按单个存货项目计提跌价准备，对于数量繁多、单价较低的存货，可以按存货类别计量成本与可变现净值。与在同一地区生产和销售的产品系列相关，具有相同或类似最终用途或目的，且难以与其他项目分开计量的存货，可以合并计提跌价准备。

3.存货跌价准备的计提、转回与结转

本期实际计提的存货跌价准备 = 期末可变现净值低于成本的差额 -

"存货跌价准备"账户原有余额

如果本期实际计提的存货跌价准备等于0，即可变现净值等于成本，则本期不计提存货跌价准备；如果本期实际计提的存货跌价准备大于0，即可变现净值低于成本，且期末可变现净值低于成本的差额大于"存货跌价准备"账户原有余额，则本期应补提存货跌价准备。其会计分录如下。

借：资产减值损失

贷：存货跌价准备

如果本期实际计提的存货跌价准备小于 0，造成前期减记存货价值的因素已经消失，则应按期末可变现净值低于成本的差额与"存货跌价准备"账户原有余额的差额转回存货跌价准备。其会计分录如下。

借：存货跌价准备

贷：资产减值损失

企业计提了存货跌价准备，如果其中有部分存货已经耗用或销售，则企业在核算生产成本或结转销售成本时，应同时结转对其已计提的存货跌价准备。

课堂训练 11-5 佳成公司采用成本与可变现净值孰低法对期末存货进行计价，从 2019 年年末开始对 Y 材料计提存货跌价准备。2019 年至 2021 年年末，Y 材料的成本与可变现净值资料如表 11-3 所示。

表 11-3　2019 年至 2021 年年末 Y 材料的成本与可变现净值资料　　　　　　　　　　元

日　期	成　本	可变现净值
2019.12.31	35 000	33 000
2020.12.31	36 800	34 000
2021.12.31	45 000	44 000

佳成公司对 Y 材料存货减值的计算及相关账务处理如下。

① 2019 年 12 月 31 日，可变现净值低于成本，应计提存货跌价准备＝35 000－33 000＝2 000（元）。由于该公司从 2019 年年末才开始计提存货跌价准备，因此计提前"存货跌价准备"账户贷方余额为 0。实际计提存货跌价准备＝2 000－0＝2 000（元）。

借：资产减值损失　　　　　　　　　　　　　　　　　　　　　　　2 000

　　贷：存货跌价准备——Y 材料　　　　　　　　　　　　　　　　　　2 000

② 2020 年 12 月 31 日，可变现净值低于成本，期末应计提存货跌价准备＝36 800－34 000＝2 800（元），计提前"存货跌价准备"账户贷方余额为 2 000 元。实际计提存货跌价准备＝2 800－2 000＝800（元）。

借：资产减值损失　　　　　　　　　　　　　　　　　　　　　　　　800

　　贷：存货跌价准备——Y 材料　　　　　　　　　　　　　　　　　　　800

③ 2021 年 12 月 31 日，可变现净值低于成本，期末应计提存货跌价准备＝45 000－44 000＝1 000（元），计提前"存货跌价准备"账户贷方余额＝2 000＋800＝2 800（元）。实际计提存货跌价准备＝1 000－2 800＝－1 800（元）。

借：存货跌价准备——Y 材料　　　　　　　　　　　　　　　　　　1 800

　　贷：资产减值损失　　　　　　　　　　　　　　　　　　　　　　　1 800

三、任务实施

存货产生减值意味着存货作为企业的重要资源，能为企业带来经济利益流入的本质属性已经受到冲击。正是由于存货及其减值损失对企业产生的重要影响，因此投资者及其他报表信息使用者对企业的存货及其减值损失额外重视。这也是为什么獐子岛公司的"扇贝失踪"受到关注的重要原因。企业应当按照存货成本与可变现净值孰低法对期末存货进行计量，即可变现净值低于成本的差额，应当计提存货跌价准备，计入当期损益。在确定存货的可变现净值时，应当考虑存货的持有目的，即持有以备出售的存货与持有以备继续加工的存货，其未来面临的风险及为企业带来的经济利益的方式是不同的，因此需要重点区分。计提存货跌价准备，一方面会影响企业的当期损益，另一方面会减少存货的账面价值。这也与会计信息质量要求中的谨慎性原则相契合。

四、任务评价

根据任务要求实施并完成任务后，请填写任务评价表，如表 11-5 所示。

表 11-5　任务评价表

序　号	任务清单	分值 / 分	完成度	得分 / 分
1	理解期末存货的计价原则	10		
2	掌握存货可变现净值的计算	30		
3	理解"存货跌价准备"账户	20		
4	掌握存货跌价准备的计提、转回和结转	40		
合　计		100		

五、任务练习

任务练习与解答

任务四　固定资产减值核算

一、任务情境

（一）任务场景

大家还记得各自正在使用的手机是什么时候购买的吗？那现在其市场价格是多少呢？一般来说，都会产生贬值，所以也被戏称"到手砍一半，开箱打八折"。通常情况下，手机的贬值主要包含实体性贬值和功能性贬值。实体性贬值也称有形损耗贬值，是指手机使用中的磨损、坠落、撞击等原因造成手机实体形态的损耗而引起的贬值；功能性贬值是指新技术的推广和运用，使企业原有资产与社会上普遍推广和运用的资产相比较明显落后、性能降低，其价值也就相应减少。现在手机品类繁多且更新换代速度较快，手机所使用的技术、硬件等都日新月异。

（二）任务布置

通常情况下，人们持有手机的目的是持续使用，使用寿命一般会超过一年。从持有目的和使用寿命上，用户手中的手机与企业中的固定资产相类似。在现代社会中，科技进步、工艺革新速度越来越快，固定资产的物理损耗带来的减值已是次要因素。当固定资产出现减值迹象时，企业应该如何确认并计量其减值损失呢？

二、知识准备

（一）固定资产减值的含义

固定资产发生损坏、技术陈旧或其他经济原因导致其可收回金额低于其账面价值，这种情况称为固定资产减值。如果固定资产的可收回金额低于其账面价值，则应当按可收回金额低于其账面价值的差额计提减值准备，并计入当期损益。

（二）固定资产减值测试

企业应当于期末对固定资产进行检查，如果发现存在下列情况，则应当计算固定资产的可收回金额，以确定资产是否已经发生减值。

① 固定资产市价大幅度下跌，其跌幅大大高于因时间推移或正常使用而预计的下跌，并且预计在近期内不可能恢复。

② 企业所处经济环境，如技术、市场或法律环境，或者产品销售市场在当期发生或在近期发生重大变化，并对企业产生负面影响。

③ 同期市场利率等大幅度提高，进而很可能影响企业计算固定资产可收回金额的折现率，并导致固定资产可收回金额大幅度降低。

④ 固定资产陈旧过时或发生实体损坏等。

⑤ 固定资产预计使用方式发生重大不利变化，如企业计划终止或重组该资产所属的经营业务、提前处置资产等情形，从而对企业产生负面影响。

⑥ 其他有可能表明资产已发生减值的情况。

（三）相关会计规定

《企业会计准则第8号——资产减值》应用指南规定，企业应当在资产负债表日判断资产是否存在可能发生减值的迹象。资产存在减值迹象的，应当进行减值测试，估计资产的可收回金额。在估计资产可收回金额时，应当遵循重要性要求。

固定资产可收回金额应当根据固定资产的公允价值减去处置费用后的净额与固定资产预计未来现金流量的现值两者之间的较高者确定。其中，处置费用包括与固定资产处置有关的法律费用、相关税费、搬运费及使固定资产达到可销售状态所发生的直接费用等。预计未来现金流量的现值，应当按照固定资产在持续使用过程中和最终处置时所产生的预计未来现金流量，选择恰当的折现率对其进行折现后的金额加以确定。账面价值是指固定资产原值扣减已提累计折旧和固定资产减值准备后的净额。固定资产减值准备应当作为固定资产净值的备抵项反映。

（四）固定资产减值准备的账务处理

固定资产的可收回金额低于其账面价值的，应当将固定资产的账面价值减记至可收回金额，减记的金额确认为资产减值损失，计入当期损益，同时计提固定资产减值准备。计提固定资产减值准备时，应编制如下会计分录。

借：资产减值损失——固定资产减值损失

贷：固定资产减值准备

课堂训练 11-6 佳成公司于 2021 年 12 月 31 日对一台生产设备进行减值测试。减值测试结果表明，该设备的账面价值为 1 080 万元，可收回金额为 960 万元，可收回金额低于账面价值 120 万元。佳成公司应当在 2021 年年末计提资产减值准备，确认相应的资产减值损失。

借：资产减值损失——固定资产减值损失   1 200 000

贷：固定资产减值准备   1 200 000

三、任务实施

固定资产是企业生存和发展的基础。企业一旦拥有固定资产，就能够排他性地从中获取经济利益。固定资产作为企业主要的劳动生产工具，是生产力水平的重要标志，既决定着企业能够生产出什么样的产品、企业的生产规模和生产能力，也决定了企业可能实现的经济利益。它既是企业产品质量的保证，也是企业在市场竞争中得以生存的保证。当固定资产的可收回金额小于账面价值时，需要确认固定资产的减值损失，一方面将可收回金额小于账面价值的差额确认为减值损失，计入当期损益；另一方面，按照该差额减记账面价值，使账面价值与可收回金额保持一致，将该差额确认为固定资产减值准备。

四、任务评价

根据任务要求实施并完成任务后，请填写任务评价表，如表 11-6 所示。

表 11-6　任务评价表

序　号	任务清单	分值/分	完成度	得分/分
1	了解固定资产减值的概念	20		
2	掌握固定资产可收回金额的计量	20		
3	了解固定资产的减值迹象	10		
4	掌握固定资产减值准备的计提和结转	50		
	合　计	100		

五、任务练习

任务练习与解答

任务五　无形资产减值核算

一、任务情境

（一）任务场景

　　乐视网成立于 2004 年 11 月，于 2010 年 8 月在创业板上市。近年来，乐视网的"平台 + 内容 + 终端 + 应用"发展模式在给它带来发展契机的同时也逐渐暴露弊端——庞杂的业务带来很多经营问题，加上市场动荡、同业竞争和舆论压力，其处境愈发艰难。2017 年至 2018 年，受大股东及其关联方流动性风波的影响，公司业务萎缩，声誉受损严重。参考艾瑞数据，2018 年公司 PCWEB 指数——月度覆盖人数波动下滑，2018 年 12 月月度覆盖人数较 2018 年 1 月下降 50%。影视版权作为文化企业的核心资产，其变动与企业的经营状况直接相关。从乐视网 2012 年至 2016 年的年报看，公司仅在 2014 年对影视版权计提了 55 万元的减值准备，而在其他 4 年并未确认其减值。这在一定程度上使报表披露的资产价值无法反映实际情况，同时也背离了《企业会计准则》的要求。在 2018 年 4 月 27 日公布的 2017 年年报中，乐视网该年巨亏约 181.84 亿元，而导致公司的营业收入、营业利润、利润总额大幅下降的一个重要原因就是在报告期末，影视版权等长期资产发生了大额减值。

（二）任务布置

　　无形资产作为一种可辨认的、不具有实物形态的非货币性资产，能否被真实、正确地披露在财务报表中是投资者极为关注的问题。随着无形资产盈利能力的下降，企业应该定期对无形资产进行减值测试，如果未来可收回金额低于账面价值，那么就需要在当期计提资产减值损失。依据谨慎性的原则，判断上述任务情境中乐视网对影视版权计提的无形资产减值准备存在什么问题。企业应该如何确认无形资产的减值损失呢？

二、知识准备

（一）无形资产减值的含义

无形资产减值是指无形资产在资产负债表日存在可能发生减值的迹象时，其可收回金额低于账面价值。新准则规定，无形资产的可收回金额是指以下两项金额中的较大者。

① 无形资产的公允价值减去处置（出售）该无形资产所发生的律师费及其他相关税费后的余额。

② 预期从无形资产的持续使用和使用年限结束时的处置中产生的预计未来现金流量的现值。

（二）无形资产的减值迹象

无形资产将来为企业创造的经济利益不足以补偿无形资产成本，说明无形资产发生了减值。符合以下情形之一的，无形资产应计提减值准备。

① 某项无形资产已被其他新技术等所替代，使其为企业创造经济利益的能力受到重大不利影响。

② 某项无形资产的市价在当期大幅下跌，在剩余摊销年限内预期不会恢复。

③ 某项无形资产已超过法律保护期限，但仍然具有部分使用价值。

④ 其他足以证明某项无形资产实质上已经发生减值的情形。

（三）无形资产减值的账务处理

企业应当定期或至少于每年年度终了，检查各项无形资产预计给企业带来经济利益的能力，进行减值测试。对预计可收回金额低于其账面价值的，应当计提减值准备。无形资产减值准备应按单项资产计提。对于使用寿命不确定的无形资产在使用期间不进行摊销，在每个期末进行减值测试。期末，企业所持有的无形资产的账面价值高于其可收回金额的，应按其差额，借记"资产减值损失"账户，贷记"无形资产减值准备"账户。

当无形资产预期不能为企业带来经济利益时，如产生报废等，应编制如下会计分录。

借：累计摊销

无形资产减值准备

营业外支出

贷：无形资产

课堂训练 11-7 佳成公司一项无形资产的账面原值为 1 600 万元，摊销年限为 10 年，预计净残值为 0。采用直线法摊销，已摊销年限为 5 年。2021 年 12 月 31 日经减值测试，该无形资产的可收回金额为 750 万元。假设不考虑其他因素，计算 2021 年 12 月 31 日该项无形资产应计提的减值准备。

2021 年 12 月 31 日该无形资产累计摊销金额 =（1 600÷10）×5=800（万元），账面

价值 =1 600-800=800（万元），而该无形资产的可收回金额为 750 万元，由于其可收回金额低于账面价值，表明该无形资产发生减值，因此减值金额 =800-750=50（万元）。

三、任务实施

企业无形资产是指企业拥有的没有具体形态但是能够产生经济效益或权利的一种资产形式，代表了企业科技研发的成果和核心竞争力，是企业拓展利润空间的重要途径。科学合理的无形资产管理和评估可以为公司提供更准确的价值评估，从而为交易双方提供明确的价值基准，进而提高管理者对公司资产的正确认识。无形资产由于其没有固定的形态等特点，比较容易发生减值，而乐视网的无形资产以影视版权为主，影视版权更新较快，因此减值的不确定性更强，且单个影视版权的质量、流量等均会影响减值情况。乐视网对影视版权的减值较低，应以单一影视版权作为减值对象，计算其可收回金额与账面价值，以保证减值金额计提的准确性。乐视网还存在计提无形资产减值准备不及时的问题。由于对无形资产可回收金额的确认是有一定难度的，因此确认时间往往会在会计信息披露时间之后，从而形成计提无形资产减值准备不及时的现象。

因此，企业应该按寿命区分无形资产，对于使用寿命有限的无形资产，应本着谨慎性的原则合理识别、判断无形资产的减值迹象，一旦出现减值迹象，应该按照单项无形资产进行减值测试。而对于使用寿命不确定的无形资产，应该在每年年末进行减值测试，不论是否出现减值迹象。在无形资产减值测试中需要充分考虑预计可收回金额及当前账面价值的大小。对于预计可收回金额，需要对预计的处置费用、折现率、未来的现金流入等项目予以综合全面的考虑。企业所持有的无形资产的账面价值高于其可收回金额的，应按其差额，借记"资产减值损失"账户，贷记"无形资产减值准备"账户。

四、任务评价

根据任务要求实施并完成任务后，请填写任务评价表，如表 11-7 所示。

表 11-7　任务评价表

序　号	任务清单	分值 / 分	完成度	得分 / 分
1	了解无形资产减值的概念	10		
2	掌握无形资产可收回金额的计量	20		
3	了解无形资产的减值迹象	40		
4	掌握无形资产减值准备的处理	30		
合　计		100		

五、任务练习

任务练习与解答